NUEVO REPORTEROS BRASIL 3

difusión

NUEVO REPORTEROS BRASIL 3

CURSO DE ESPAÑOL

Unidades: Sandrine Debras, Delphine Rouchy, Sophie Rouet, Gwenaëlle Rousselet
Sección Géneros textuales y estrategias: Leandro Sangy
Sección Espacio DELE: Joaquín López Toscano

Asesoría

- André da Costa Cabral
  Colégio Miguel de Cervantes
- Anita M. V. Erceg
  Colégio Pueri Domus
- Alessandra Estrada Mari
  Colégio Vicentino Virgem Poderosa
- Taiana de Freitas Vanucci
  Colégio Santo Américo / Escola Aubrick
- Myrta Garcia Pradel Biondo
  Colégio Santa Cruz
- Marta Eliana Ibarra Gallardo
  Liceu Jardim
- Thatiana Moreira de Carvalho
  Colégio Alicerce / Colégio Exato
- Adriana María Ramos Oliveira
  Instituto Cervantes / CEFET-RJ
- Adriana Ritter
  Centro de Ensino Médio Pastor Dohms
- Marco Aurelio Rocha Sposito
  Colégio Dr. Walter Belian
- Rosa Graziela Rodrigues
  Escola Aubrick / Colégio Stocco / Colégio Catamarã
- Leandro Sangy
  Colégio Santa Maria Minas
- Luciana Maria Senha
  Colégio São Judas Tadeu
- Valéria Tini
  Colégio Albert Sabin
- Graciela Irene Turco de Moraes Da Silva
  Colégio Jean Piaget
- Ana Lúcia Vidal
  Colégio Província de São Pedro / Colégio Leonardo da Vinci
- Fernanda de Sousa Bello Concianci
  Colégio Everest

Revisión pedagógica: Agustín Garmendia
Coordinación editorial y redacción: Cristian Selvas
Corrección: Pablo Sánchez, Agnès Berja
Corrección del portugués: Adriana Ramos
Diseño y maquetación: Elisenda Galindo
Diseño de la cubierta: Pablo Garrido
Ilustraciones: Ernesto Rodríguez, Paula Castel, Mar Guixé
Documentación: Raquel Trigo
Cartografía: Digiatlas
Sonido: Estudio Difusión (Barcelona), Blind Records

difusión
Centro de Investigación y Publicaciones de Idiomas, S. L.

C/ Trafalgar, 10, entlo. 1ª
08010 Barcelona - España
Tel.: (+34) 932 680 300
editorial@difusion.com

www.difusion.com

ISBN: 978-84-1157-288-0
Reimpresión: octubre 2024
Impreso en la UE

MIXTO
Papel | Apoyando la silvicultura responsable
FSC® C125125

NUEVO REPORTEROS BRASIL es un manual especialmente concebido para acercar a los/as jóvenes estudiantes de Brasil a la lengua española y al mundo hispano de hoy en día.

En esta nueva edición, hemos perseguido un triple objetivo. Por un lado, ofrecer secuencias didácticas efectivas, dinámicas y originales, diseñadas para facilitar el aprendizaje. Por otro, responder a las necesidades y los intereses de los/as adolescentes de Brasil para, de ese modo, asegurar su motivación y participación en el proceso de aprendizaje. Y por último, dotar a los y las estudiantes de herramientas que les permitan desarrollar su autonomía y competencia crítica para que, así, sean capaces de explorar de manera autónoma nuevos contenidos lingüísticos, culturales y de ciudadanía.

Además, esta obra apuesta de manera decidida por la didáctica inclusiva: usa tipografías de alta legibilidad, presenta un lenguaje gráfico muy claro y realiza propuestas didácticas integradoras y adaptadas a todo el alumnado.

NUEVO REPORTEROS BRASIL presenta:

- Unidades protagonizadas por **jóvenes reporteros/as procedentes de España y Latinoamérica**.
- **Secuencias de trabajo ágiles**, llamadas lecciones, que pueden culminar con un proyecto que proponemos al final de cada unidad (el *Taller de lengua*).
- **Una progresión lingüística natural y muy cuidada**, sintetizada de manera **visual y accesible** en la sección *Mi gramática* de cada lección.
- **Divertidos mapas mentales** que recogen el vocabulario más importante de cada unidad para facilitar su aprendizaje.
- Numerosas **actividades lúdicas y juegos**, ideales para fomentar la **interacción oral en del aula**.
- Una especial **atención a la realidad cultural del mundo hispano**, diversa y rica, presentada a través de documentos escritos y audiovisuales, a menudo auténticos.
- Una sección dedicada a los **géneros textuales y las estrategias**, y que desarrolla las habilidades planteadas por la BNCC en el capítulo de lengua extranjera.
- Un espacio dedicado a los **exámenes DELE A2 y DELE A2 / B1 para escolares**, que incluye una o dos tareas para ayudar a los/as estudiantes a prepararse con garantías y familiarizarse con el formato.
- Un apartado con **actividades comunicativas** diseñadas para trabajar con textos y mejorar las habilidades en diferentes aspectos de la comunicación: **comprensión de lectura, auditiva y audiovisual, y expresión e interacción escritas y orales**.
- Espacios para **desarrollar las competencias intercultural y cívica**: *Somos ciudadanos* y el apartado *Compartimos el mundo*.
- El apartado *¡Hola! Olá!*, que presta especial atención al **contraste entre el español y el portugués**, con notas y actividades para facilitar la comprensión de algunos fenómenos léxicos y gramaticales.
- Numerosas propuestas de trabajo con internet y herramientas digitales en nuestra página web **campus.difusion.com**

Esta es una edición híbrida de NUEVO REPORTEROS BRASIL

Ve a campus.difusion.com, activa el código que se incluye en este manual y tendrás acceso durante 12 meses a:

- **Libro digital interactivo**
- **Audios y vídeos**
- **Transcripciones de los audios**
- **Mapas mentales**
- **Fichas de autoevaluación**
- **Un modelo completo del examen** *DELE A2 / B1 para escolares*
- **Un modelo de hoja de respuestas del DELE**
- **Clips animados para entender la gramática**
- **Vídeos para el aprendizaje del léxico**
- **Edición anotada para docentes** (solo para docentes)
- **Fichas de actividades alternativas** (solo para docentes)
- **Fichas imprimibles y proyectables** (solo para docentes)
- **Evaluaciones** (solo para docentes)
- **Programaciones** (solo para docentes)
- **Itinerarios digitales** (solo para docentes)

campusdifusión

Cómo es NUEVO REPORTEROS BRASIL 3

CURSO DE ESPAÑOL

LA PÁGINA DE ENTRADA

El **sumario** de la unidad resume los contenidos que trabajaremos a lo largo de las tres lecciones: **herramientas de comunicación, léxico y gramática**. También anuncia en qué consiste el taller de lengua que se puede realizar al final de cada unidad. Además, se presentan los contenidos de las secciones *La ventana*, *Géneros textuales y estrategias*, *Actividades comunicativas de la lengua*, *Espacio DELE* y *Somos ciudadanos*.

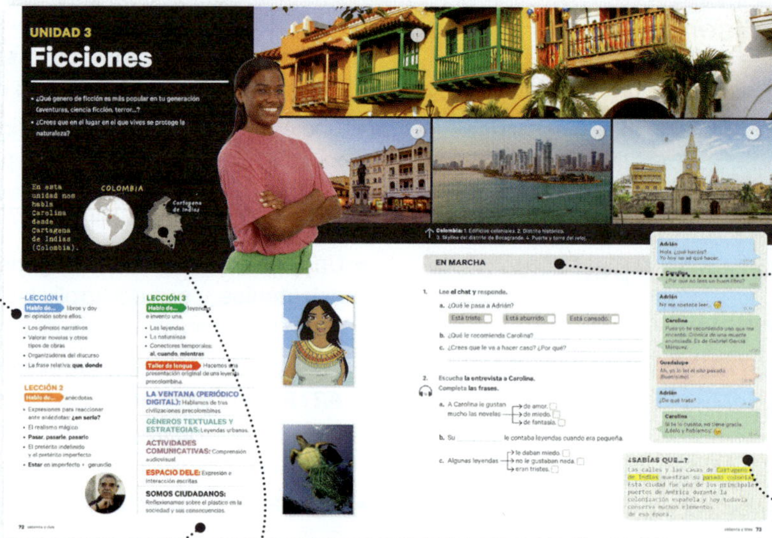

Un **mapa** para descubrir el país y la ciudad del reportero o reportera de la unidad.

¡En marcha! Actividades cortas de comprensión o interacción para **entrar en contacto** con los temas de la unidad.

¿Sabías que...? **Notas culturales** sobre España y Latinoamérica.

LAS TRES LECCIONES + MI GRAMÁTICA

Cada lección propone, en dos páginas, una **secuencia didáctica** completa en la que interactuamos con documentos interesantes, nos apropiamos de nuevos contenidos lingüísticos y practicamos diferentes actividades de la lengua.

Notas contrastivas español - portugués que facilitan la comprensión de algunos fenómenos léxicos y gramaticales.

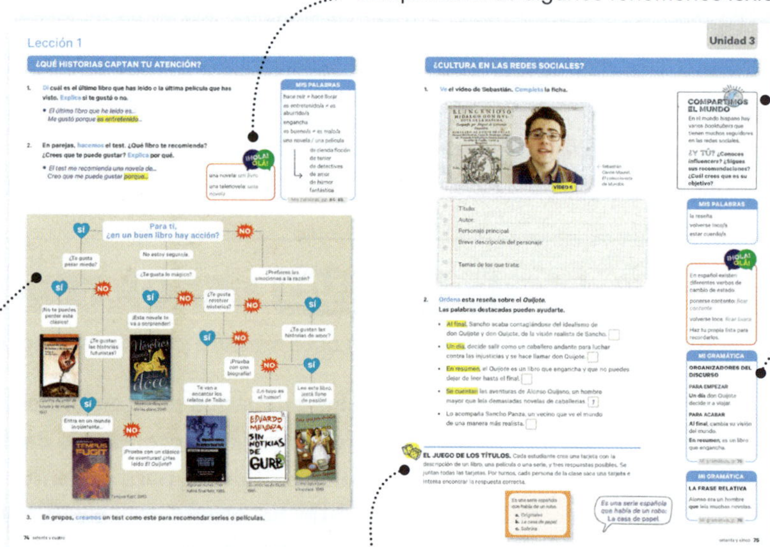

Compartimos el mundo. Actividades cortas que nos muestran **nuevas realidades** sociales y culturales desde la perspectiva de la ciudadanía.

Documentos muy variados (vídeos, textos, fotografías, dibujos, carteles...), a menudo reales y siempre motivadores.

Mis palabras, **Mi gramática**, **¡Ojo!** y **Recuerda**. Cuadros de ayuda que podemos consultar en el momento de hacer las actividades.

¿Y tú? / ¿Y nosotros? Actividades en las que nuestro propio mundo se convierte en el **centro del aprendizaje**.

Juegos para aprender de manera **lúdica y cooperativa**.

Cada lección presenta, al final, la sección *Mi Gramática*, con **esquemas, explicaciones y ejemplos** de cada tema gramatical de la lección.

Esta sección cuenta con numerosas **actividades** que nos ayudan a apropiarnos de manera natural de las reglas gramaticales.

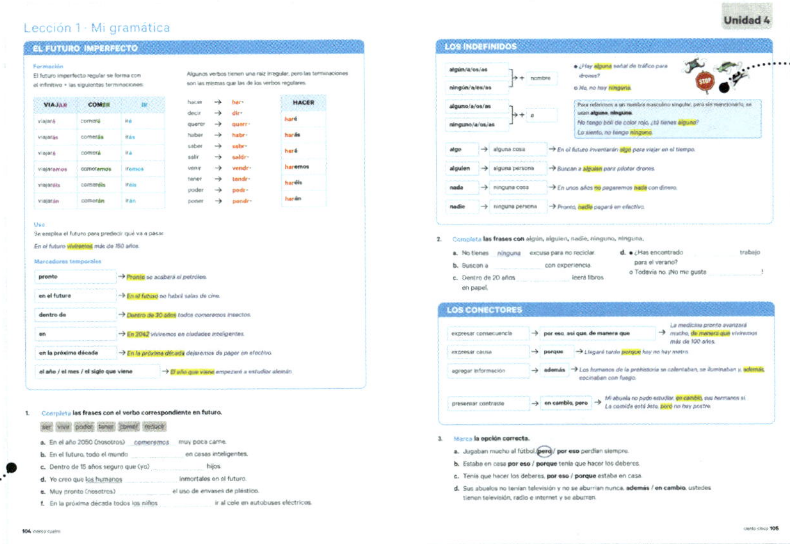

Los cuadros gramaticales y las actividades van acompañados de **ejemplos ilustrados** con fotografías o ilustraciones que facilitan la comprensión.

MIS PALABRAS

Un **mapa mental ilustrado** recoge las palabras más importantes de la unidad.

Actividades específicas para apropiarse del vocabulario de la unidad. Incluye un apartado especial dedicado a los **falsos amigos y a otras diferencias lingüísticas** entre **el español y el portugués**.

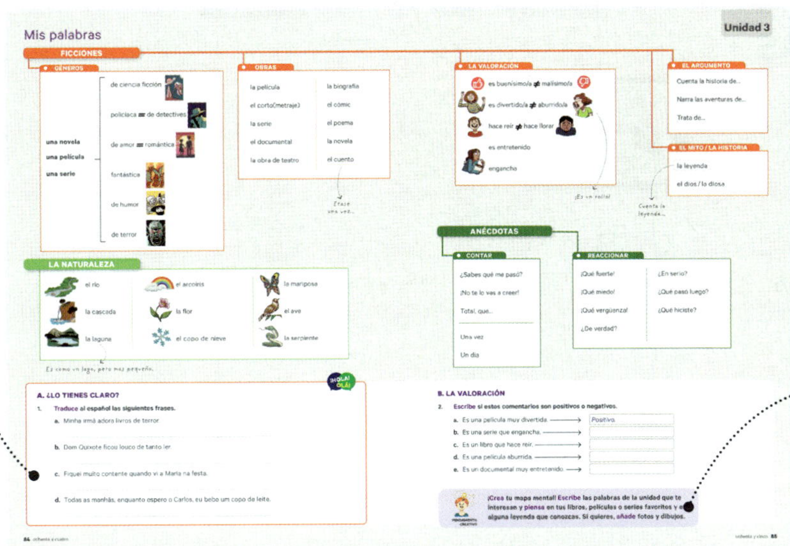

¡Crea tu mapa mental! Una propuesta para adaptar el mapa mental a nuestras necesidades e intereses, y que nos ayuda a desarrollar nuestra **autonomía** y nuestra capacidad de **aprender a aprender**.

LA VENTANA

Interesantes **reportajes** con los que aprendemos más sobre la **cultura** de la ciudad o el país tratado en la unidad.

Un **vídeo** sobre algún **aspecto cultural** de interés del país o de la ciudad del / de la reportero/a.

Actividades de **comprensión escrita** y **comprensión audiovisual**.

¡Eres periodista! Una propuesta de **minitarea** para hacer pequeñas investigaciones, crear artículos cortos, vídeos, entrevistas, etc., y convertirnos en reporteros/as.

GÉNEROS TEXTUALES Y ESTRATEGIAS

Una sección dedicada a trabajar géneros textuales relacionados con los contenidos de la unidad. Aprendemos a comprender y crear diversos tipos de textos y **desarrollamos estrategias que podremos aplicar tanto en la clase de español como en otros contextos**.

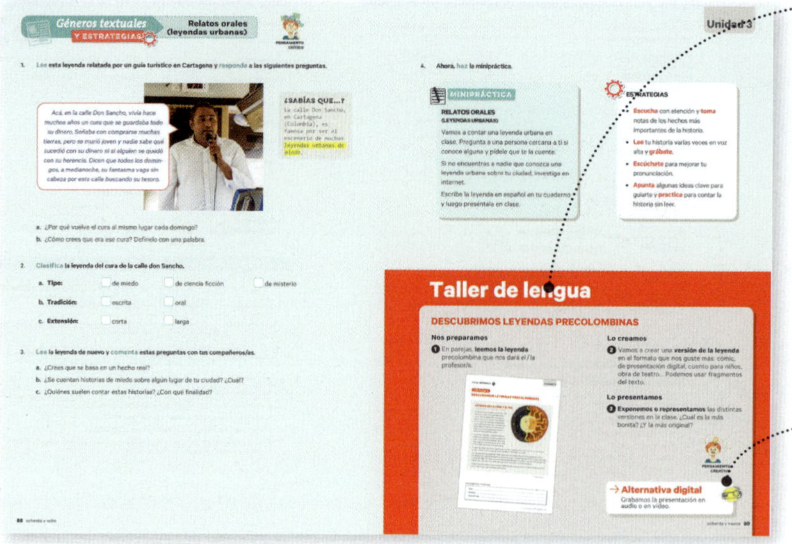

TALLER DE LENGUA

Taller de lengua. Al final de cada unidad, se propone una **tarea** que estimula nuestra creatividad e imaginación y que pone en práctica todo lo que hemos aprendido, en un **contexto real** y con el objetivo de crear un **producto final**.

Alternativas para llevar a cabo el taller de las maneras más variadas (utilizando internet, tecnologías de la comunicación, etc.).

ACTIVIDADES COMUNICATIVAS DE LA LENGUA

Actividades diseñadas para **trabajar con textos** y mejorar las habilidades en diferentes aspectos de la comunicación: **comprensión de lectura, auditiva y audiovisual, y expresión e interacción escritas y orales.**

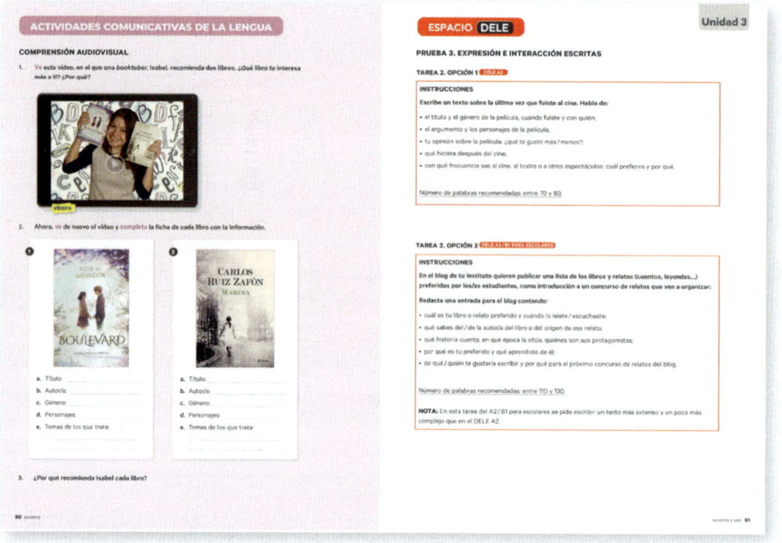

ESPACIO DELE

En cada unidad se ofrecen **una o dos Tareas de los exámenes DELE**, para ayudar a los/as estudiantes a **prepararse con garantías y familiarizarse con el formato**.

SOMOS CIUDADANOS

Al final de cada unidad, textos o vídeos nos ayudan a **reflexionar sobre cuestiones sociales y cívicas**: justicia social, igualdad de género, respeto por la naturaleza, etc.

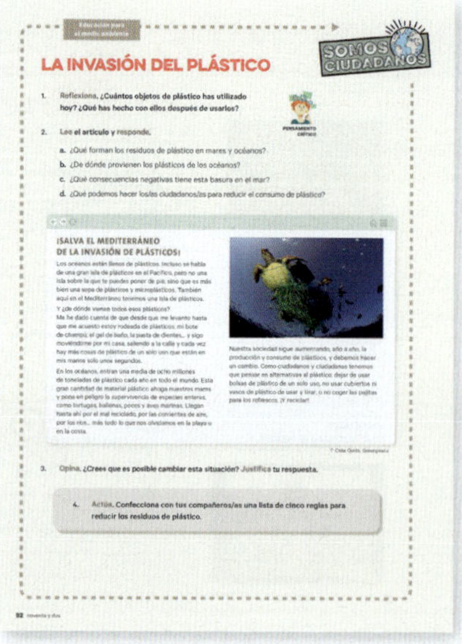

CUADERNO DE EJERCICIOS

Siete páginas llenas de **actividades útiles y amenas** para seguir practicando el vocabulario y la gramática de la unidad.

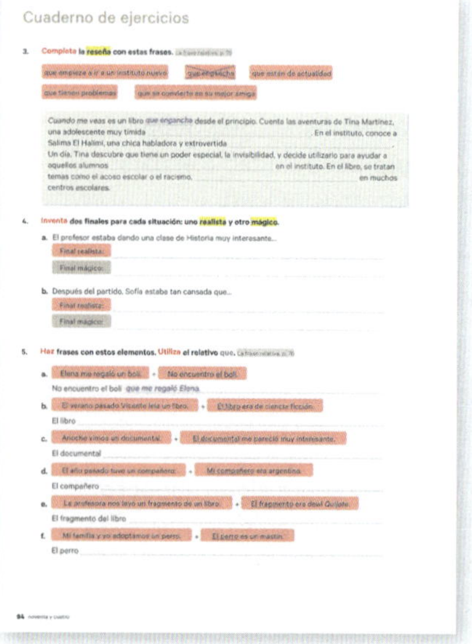

DESCRIPCIÓN DE LOS EXÁMENES DELE

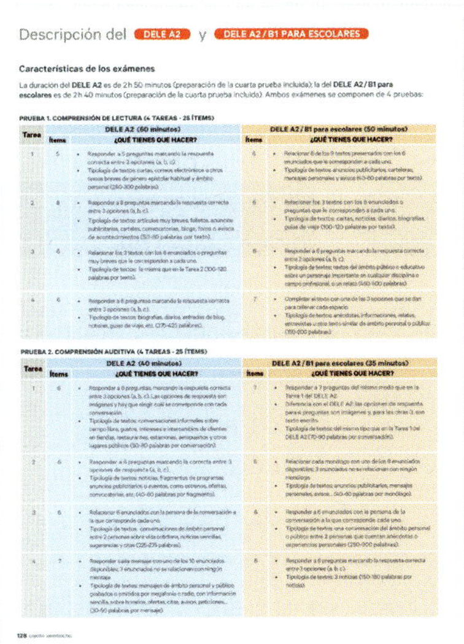

Un **esquema** en el que se detallan las características de las distintas **Tareas** que conforman los exámenes **DELE A2 y DELE A2 / B1 para estudiantes.**

EL DOSIER MIS ESTRATEGIAS DE APRENDIZAJE

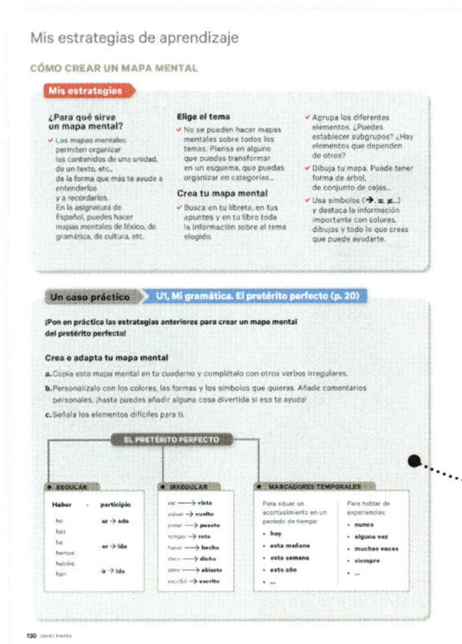

Estrategias de aprendizaje que podremos desarrollar y aplicar en diversos contextos.
Y casos prácticos aplicados a diferentes actividades de *Reporteros Brasil*.

TABLAS DE VERBOS

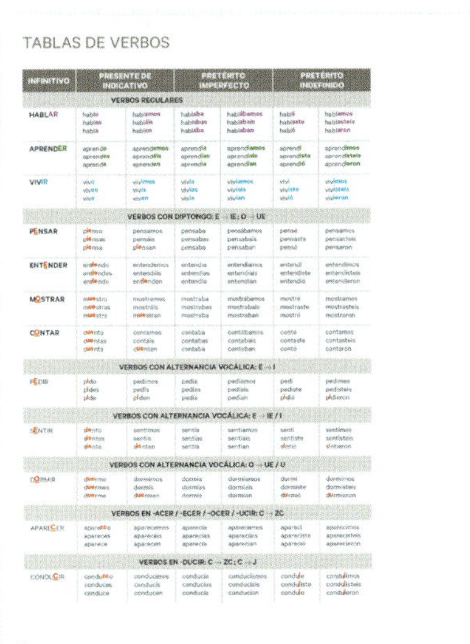

Ejemplos de **verbos regulares e irregulares**.

MAPAS

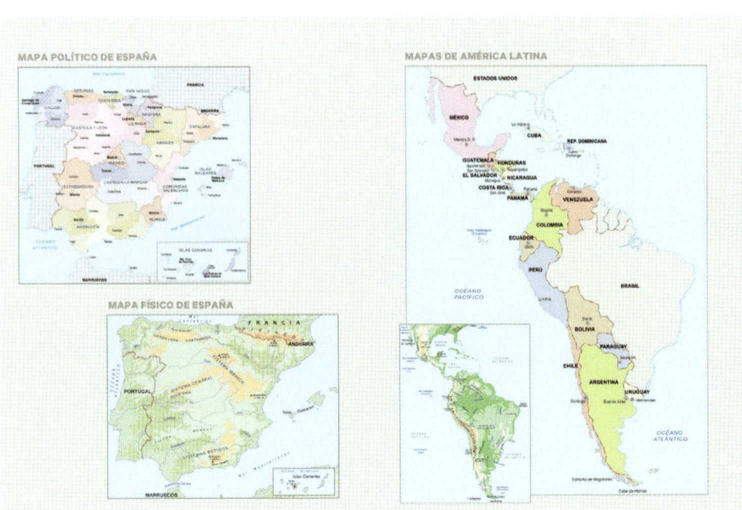

Mapas políticos y físicos de **España y América Latina**.

NUEVO REPORTEROS BRASIL 3

CURSO DE ESPAÑOL

	COMUNICACIÓN	GRAMÁTICA	LÉXICO
UNIDAD 1 **Viajes y aventuras** Nos habla Dácil desde Puerto de la Cruz, Tenerife (España) p. 16 	**LECCIÓN 1** Hablar de actividades y de viajes. **LECCIÓN 2** Planificar y valorar actividades turísticas y hablar del tiempo atmosférico. **LECCIÓN 3** Hablar de experiencias y de aventuras. 	• El pretérito perfecto • El participio • Marcadores temporales: **hoy**, **esta semana**, **este año...** • Los pronombres de complemento directo (CD) • Preposiciones: localización y movimiento (**a**, **en**, **de**, **por**) • El superlativo • Valorar actividades: **dar miedo**, **dar pereza...** Repaso: **Ir a** + infinitivo (vol. 2) y la frecuencia (vol. 1)	• Actividades deportivas y turísticas • Los accidentes geográficos • Los medios de transporte • El tiempo atmosférico • Expresiones para valorar actividades y experiencias: **dar miedo**, **dar pereza...** • Los números a partir de 100 Repaso: Las actividades de tiempo libre (vol. 2)
UNIDAD 2 **Gente creativa** Nos habla Guadalupe desde Ciudad de México (México) p. 44 	**LECCIÓN 1** Hablar de las cosas que tenemos y describir los pasos para crear un objeto. **LECCIÓN 2** Hablar de la ropa, de la forma de vestir y de lo que expresa. **LECCIÓN 3** Hablar de la ropa y de cómo desenvolverse en una tienda. 	• La combinación de pronombres de CD y CI • Los demostrativos • Los interrogativos (**cuál/es**, **cuánto/a/os/as...**) • **Querer** + nombre / infinitivo • **Necesitar** + nombre / infinitivo Repaso: Los interrogativos (vol. 1); los pronombres de CI (vol. 1) y de CD (U1); algunos usos de **para** (vol. 2) y la duración (vol. 2)	• La ropa • Los materiales y los objetos • Instrucciones para hacer manualidades: **cortar**, **pegar...** • Los verbos **llevar** y **llevarse** • Los verbos **poner** y **ponerse** Repaso: Los colores (vol. 1)

Índice

CULTURA	TRABAJAR CON TEXTOS	ESPACIO DELE	COMPETENCIA INTERCULTURAL Y COMPETENCIA CÍVICA
• Las islas Canarias • El Teide • Los guanches: los primeros habitantes de las Canarias • El parque nacional de Timanfaya **Vídeo (reportaje):** *Islas Canarias* Conocemos los lugares más turísticos y descubrimos las actividades que se pueden hacer. 	GÉNEROS TEXTUALES • La encuesta 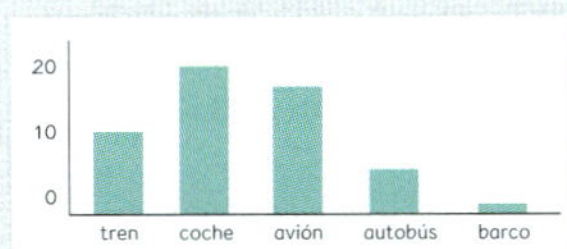 TALLER DE LENGUA • ¡Mi vida es un viaje! ACTIVIDADES COMUNICATIVAS • Expresión escrita	• **Prueba 1**. Comprensión de lectura	• Educación para la justicia social **Vídeo (reportaje):** El futuro hecho a mano Las mujeres de una comunidad indígena mexicana desarrollan su economía gracias al diseño y la confección de ropa. 
• La celebración del Día de Muertos • La artesanía mexicana **Vídeo (videoblog):** *Tutorial Día de Muertos* **Vídeo (reportaje):** *Gran celebración y desfile del Día de Muertos* **Vídeo (reportaje):** *Ciudad de México* Conocemos una ciudad de contrastes, colores y sorpresas. 	GÉNEROS TEXTUALES • La investigación escolar TALLER DE LENGUA • Nos proponemos planes ACTIVIDADES COMUNICATIVAS • Expresión oral	• **Prueba 2**. Comprensión auditiva	• Educación para la igualdad de oportunidades **Artículo:** *Diversidad en la moda* Una diseñadora guatemalteca con síndrome de Down se abre camino en el mundo de la moda. 

CULTURA

- Colombia y Cartagena de Indias
- El realismo mágico y Gabriel García Márquez
- Mitos y leyendas precolombinos

Vídeo (videoblog):
El coleccionista de Mundos

Vídeo (tráiler):
Colombia, magia salvaje

Vídeo (reportaje):
Visitamos Cartagena de Indias *(Cartagena City Tour Colombia)*
Conocemos la ciudad más turística de Colombia, su historia y su presente.

TRABAJAR CON TEXTOS

GÉNEROS TEXTUALES

- Relatos orales (leyendas urbanas)

TALLER DE LENGUA

- Este es mi barrio

ACTIVIDADES COMUNICATIVAS

- Comprensión audiovisual

ESPACIO DELE

- **Prueba 4**. Expresión e interacción orales

COMPETENCIA INTERCULTURAL Y COMPETENCIA CÍVICA

- Educación para el medio ambiente

Artículo: *La invasión del plástico*
Cómo el plástico está dañando los mares y cómo contribuir a evitarlo.

CULTURA

- La ciudad de Salamanca
- El sistema educativo español no obligatorio
- El personaje del Lazarillo de Tormes

Vídeo (reportaje):
Conocemos Salamanca (*Salamanca City Tour*)
Visitamos la ciudad con la universidad más antigua de España.

TRABAJAR CON TEXTOS

GÉNEROS TEXTUALES

- La noticia

TALLER DE LENGUA

- Nos proponemos planes

ACTIVIDADES COMUNICATIVAS

- Comprensión audiovisual

ESPACIO DELE

- **Prueba 3**. Expresión e interacción escritas

En campusdifusión puedes descargarte un modelo de examen completo.

COMPETENCIA INTERCULTURAL Y COMPETENCIA CÍVICA

- Educación para la participación social

Página web: *hazloposible.com*
El voluntariado como forma de participar en la sociedad y transformarla.

Descripción de los exámenes DELE

p. 128

- DELE A2
- DELE A2 / B1 Escolar

En campusdifusión puedes descargarte un modelo de examen completo.

Mis estrategias de aprendizaje

p. 130

- Cómo crear un mapa mental
- Cómo buscar y verificar información
- Cómo crear un vídeo
- Cómo preparar una presentación oral

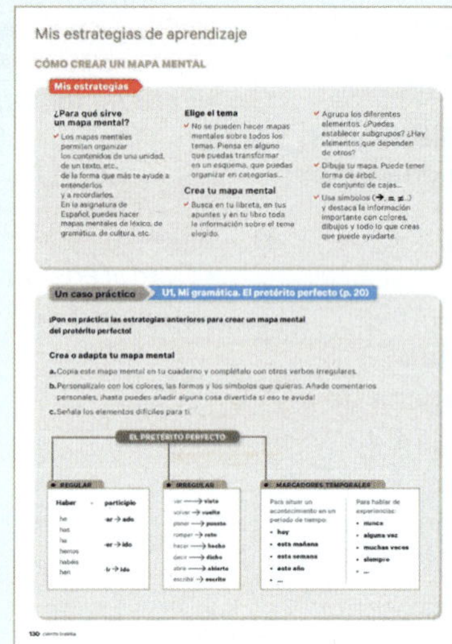

Tablas de verbos

p. 134

- El presente de indicativo
- El pretérito imperfecto
- El pretérito indefinido
- El pretérito perfecto
- El futuro imperfecto
- El condicional
- El participio
- El gerundio

Mapas

p. 138

- Mapas político y físico de España y de América Latina

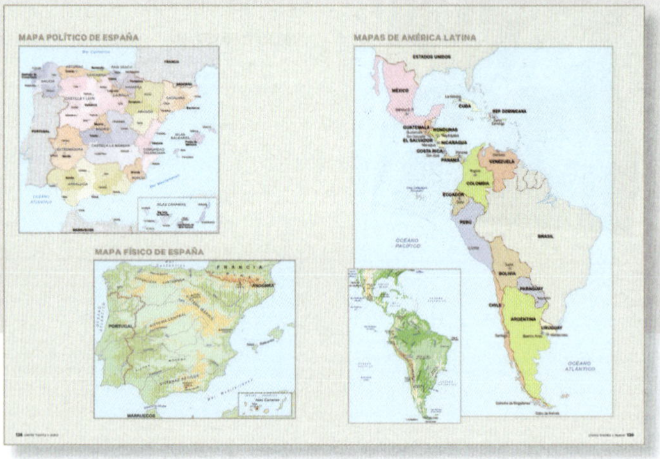

LOS REPORTEROS

Dácil

Es española. Vive en la isla de Tenerife (Canarias). Le gustan los deportes de aventura.

Guadalupe

Es mexicana. Vive en Ciudad de México. Le gusta disfrazarse y hacer trabajos manuales.

Carolina

Es colombiana. Vive en Cartagena de Indias. Le encanta leer y pintar. Conoce muchas leyendas precolombinas.

Adrián

Es español y vive en Salamanca. Le gusta leer, escribir en el blog de su instituto y viajar a países muy diferentes.

UNIDAD 1

Viajes y aventuras

- ¿Alguien de tu entorno practica deportes de aventura?
- ¿Cuál es tu transporte preferido para viajar?

En esta unidad nos habla Dácil desde Puerto de la Cruz, Tenerife (España).

LECCIÓN 1

Hablo de... actividades y de viajes pasados.

- Los medios de transporte
- El pretérito perfecto
- El participio
- Preposiciones: localización y movimiento (**a**, **en**, **de**, **por**)

LECCIÓN 2

Hablo de... actividades turísticas y del tiempo atmosférico.

- Las actividades turísticas
- Los accidentes geográficos
- El tiempo atmosférico
- Los pronombres de CD

LECCIÓN 3

Hablo de... experiencias y de aventuras.

- Las actividades deportivas
- Los números a partir de 100
- El superlativo
- Valorar actividades: **dar miedo**, **dar pereza**...

Taller de lengua Creo un cuaderno de viajes con las actividades que he hecho en un fin de semana.

LA VENTANA (PERIÓDICO DIGITAL): Hablamos de las islas Canarias: naturaleza, lenguaje e historia.

GÉNEROS TEXTUALES Y ESTRATEGIAS: La encuesta.

ACTIVIDADES COMUNICATIVAS: Expresión escrita.

ESPACIO DELE: Comprensión de lectura.

SOMOS CIUDADANOS: Hablamos de un taller de artesanía en México y de comercio justo.

Puerto de la Cruz: 1. Playa Jardín. 2. Barrio de La Ranilla. 3. Parque Taoro. 4. Vista aérea.

Dácil
¿Qué tal tus vacaciones? 10:28

Adrián
¡Muy bien, he estado en Fuerteventura! 10:30

Dácil
¡Qué bien! 10:33

Adrián
Sí, me ha gustado mucho ¡¡y he hecho mucho windsurf!! 10:34

Dácil
¿Tu hermano también? 10:35

Adrián
¡Uy, no! No le gusta nada el agua. 10:37

Dácil
¡Pobre! 10:38

Adrián
Bueno, no se ha aburrido, ha leído mucho ¡y hemos visitado volcanes! 10:39

EN MARCHA

1. **Lee los mensajes de chat.**
   Responde a estas preguntas.

   a. ¿A dónde ha ido en vacaciones Adrián? ....
   Búscalo en el mapa.

   b. ¿Quién no ha hecho windsurf? ....
   ¿Por qué? ....

   c. ¿Qué ha hecho el hermano de Adrián? ....
   ¿Lo ha pasado bien? ....

2. **Escucha la entrevista que le hace Adrián a Dácil.**
   Marca qué ha hecho Adrián en Fuerteventura.

1

a 

Ha hecho windsurf. ☒

b 

Ha hecho paracaidismo. ☐

c 

Ha hecho senderismo. ☐

d 

Ha ido en kayak. ☐

e 

Ha hecho submarinismo. ☐

¿SABÍAS QUE...?

Las islas Canarias son un destino turístico muy popular en Europa. Cada año reciben más de 10 millones de visitantes.

UNA EXCURSIÓN AL TEIDE

1. **Lee el blog de Nani.**
Responde a las preguntas.

EL TEIDE

ASCENSO AL TEIDE

He tocado el cielo. **He tenido** la suerte de conquistar la cima más alta de España. Y la más elevada del Atlántico. Sí. **He pisado** el cráter del Teide, situado a 3718 metros de altitud. Esta foto es la prueba.

Estoy orgullosa de mí, no solo porque alcanzar esa cima me **ha permitido** disfrutar de unas vistas maravillosas de los alrededores de este mítico volcán, sino porque **he realizado** la subida sin problemas.

↑ Nani Arenas,
laviajeraempedernida.com

a. ¿Qué ha hecho Nani? ....

b. ¿Por qué dice que ha tocado el cielo? ....

....

c. ¿Crees que la actividad ha sido fácil o difícil para ella? ....

....

¿SABÍAS QUE...?

Las islas Canarias son de origen volcánico y en todas ellas hay volcanes (algunos, activos). El Teide, un volcán que está en la isla de Tenerife, es, además, la montaña más alta de España.

¡HOLA! OLÁ!

Algunos sustantivos tienen diferente género en español y en portugués.

el cráter: *a cratera*

el origen: *a origem*

Puedes hacer tu propia lista para recordarlos mejor.

2. **Observa los verbos en negrita del texto de la actividad 1.**
Completa el esquema.

VERBO DEL TEXTO		INFINITIVO		¿QUIÉN?
he tocado	→	*tocar*	→	*yo*
	→		→	
	→		→	
	→		→	
	→		→	

MI GRAMÁTICA

EL PRETÉRITO PERFECTO

HABER + PARTICIPIO

(yo) **he** lleg**ado**

(tú) **has** lleg**ado**

(él / ella) **ha** lleg**ado**

EL PARTICIPIO

PISAR → pis**ado**

COMER → com**ido**

SALIR → sal**ido**

PARTICIPIOS IRREGULARES

VER → **visto**

HACER → **hecho**

Mi gramática, p. **20**

3. **¿Y TÚ? ¿Qué has hecho últimamente?**
Completa las frases.

a. Este fin de semana *he ido al cine.*

b. Esta mañana ....

c. Estos días ....

d. Hoy ....

HOY HE IDO A LA GOMERA

1. Mira **el cuaderno de viajes de Antonio.**
Responde **a las preguntas.**

a. ¿A dónde ha ido durante sus vacaciones?

b. ¿Cómo (en qué transporte) ha ido a esos lugares?

c. ¿Qué ha visitado allí?

MIS PALABRAS

ir **en**
- → barco
- → coche
- → avión
- → tren
- → teleférico

Mis palabras, p. **28**

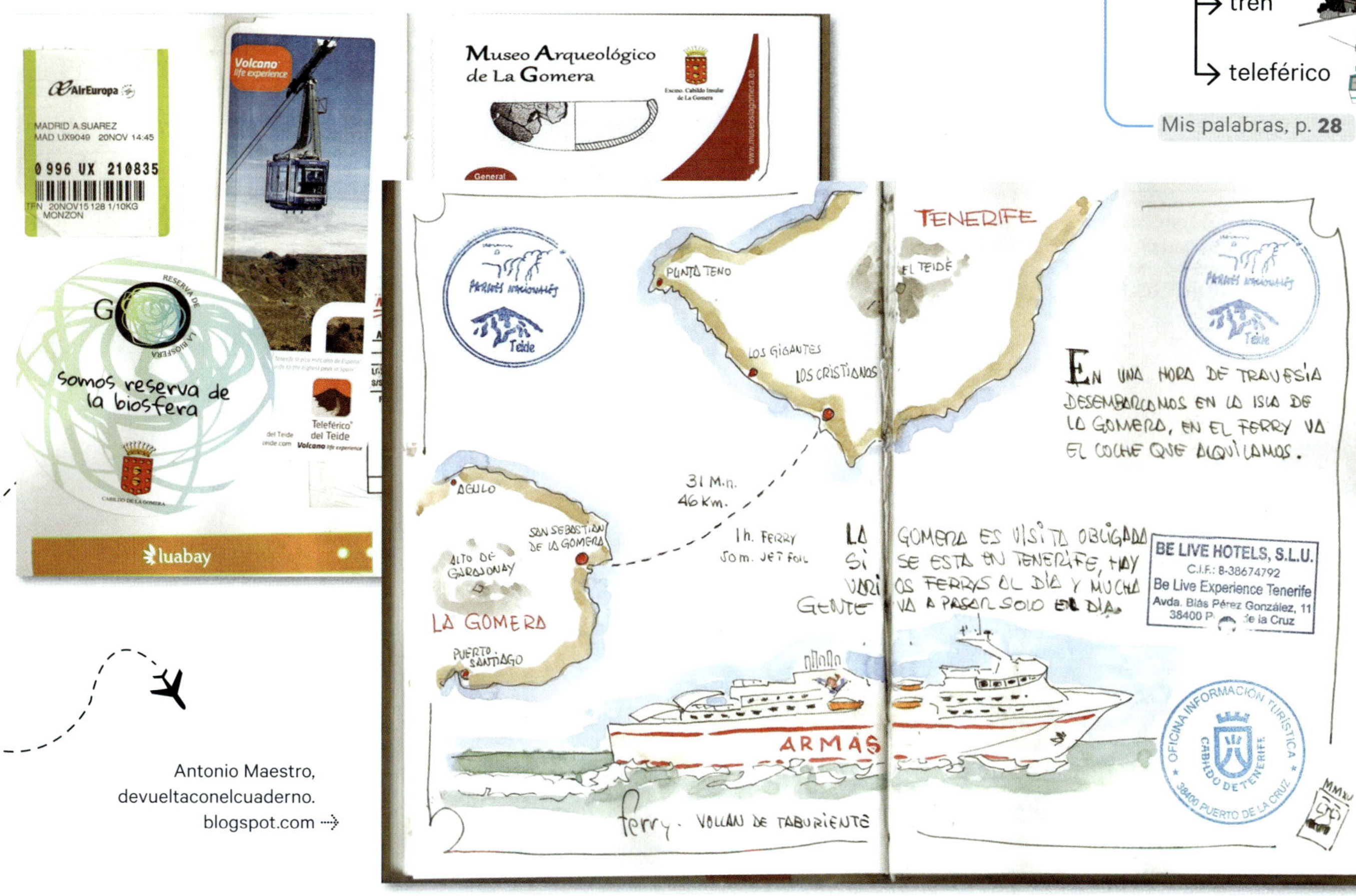

Antonio Maestro, devueltaconelcuaderno.blogspot.com

2. Escucha **la conversación.**
Completa **la postal de Antonio.**

Querida abuela:
Hoy hemos ido en ferry a La Gomera y hemos visitado *el parque nacional de Garajonay*. ¡Lo hemos pasado genial!
Hemos subido a ...., que está en ....
Por la tarde, hemos ido en .... a *San Sebastián de la Gomera* y hemos paseado por .... También hemos visitado .... de la isla.
Un abrazo,
Antonio

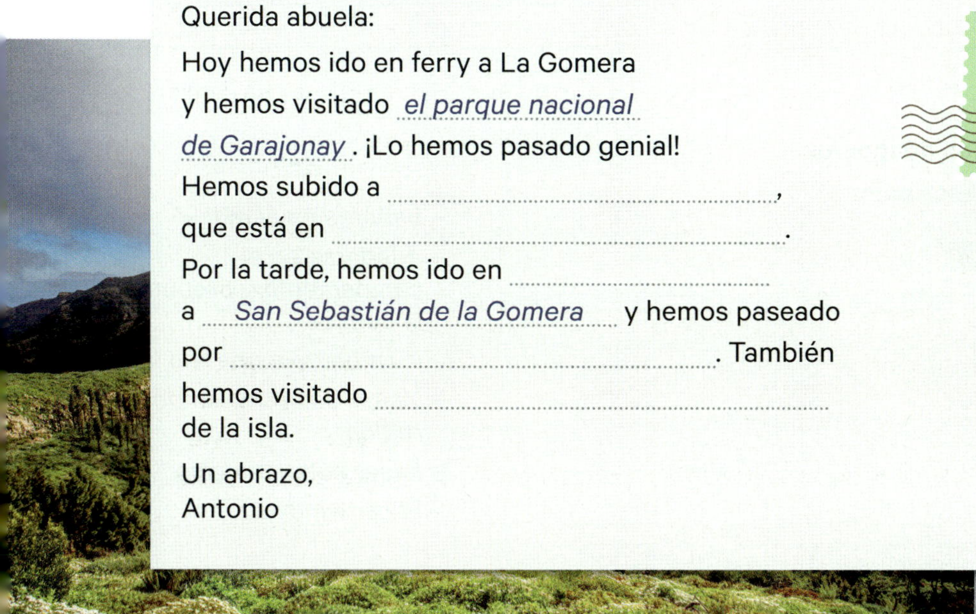

¡HOLA! OLÁ!

Atención: La preposición para hablar de transportes es **en**, nunca **~~de~~**.

Voy en coche: *Vou de carro.*

MI GRAMÁTICA

LAS PREPOSICIONES

He ido **a** La Gomera.

He estado **en** La Gomera.

He paseado **por** el pueblo.

Mi gramática, p. **21**

Lección 1 · Mi gramática

EL PRETÉRITO PERFECTO

Formación del pretérito perfecto

	HABER
(yo)	**he**
(tú)	**has**
(él / ella / usted)	**ha**
(nosotros/as)	**hemos**
(vosotros/as)	**habéis**
(ellos / ellas / ustedes)	**han**

+ participio

→ viajado
→ comido
→ vivido

El pretérito perfecto se usa para hablar de acontecimientos terminados:

- Cuando situamos ese acontecimiento en un período de tiempo que incluye el momento actual o está muy cerca de este:
  Hoy he desayunado fruta.
- Cuando hablamos de experiencias sin situar los acontecimientos en un momento determinado:
  He estado dos veces en Madrid.

Formación del participio

viajar → viajado
raíz + -ado

comer → comido
raíz + -ido

vivir → vivido
raíz + -ido

Algunos participios son irregulares:

ver → **visto**	poner → **puesto**	hacer → **hecho**	abrir → **abierto**
volver → **vuelto**	romper → **roto**	decir → **dicho**	escribir → **escrito**

Los marcadores temporales

Para situar un acontecimiento en un período de tiempo que incluye el momento actual usamos marcadores como estos: **hoy**, **esta mañana**, **esta semana**, **este año**...

- *Este fin de semana he ido a un karaoke.*

Para hablar de experiencias sin situar un acontecimiento en un momento determinado usamos marcadores como estos: **nunca**, **alguna vez**, **muchas veces**, **siempre**...

- *Yo nunca he hablado en público, me da vergüenza.*
- *¿No? Pues yo lo he hecho muchas veces.*

En el pretérito perfecto, el participio es invariable. Acaba siempre en **-o**.
Marta se ha levantado temprano.

1. Estás en un campamento de verano con amigos/as. Decide qué ha hecho hoy cada uno y escríbelo.

a. María y yo *nos hemos bañado en el mar.*
b. Pablo ....
c. Noelia ....
d. Yo ....
e. Arturo y yo ....
f. Mis hermanos ....

- *bañarse en el mar* ✓
- *quedarse en el campamento y preparar la comida*
- *ir en barco a una isla*
- *visitar dos pueblos de la región*
- *hacer submarinismo*
- *hacer windsurf*

2. **Completa las frases con las palabras que faltan.**

ir / este verano | comer / alguna vez | subir / nunca | escribir / nunca | hablar / hoy

a. ¿*Han ido este verano* .... a las Canarias? (USTEDES)
b. .... a una montaña de más de 3000 m. (YO)
c. ¿................................ paella? (TÚ)
d. .... un poema. (YO)
e. ¿................................ con la profesora? (TÚ)

PREPOSICIONES DE LOCALIZACIÓN Y MOVIMIENTO

a	dirección del movimiento	*Voy **a** la playa.*
	distancia	*Madrid está **a** 600 km de Barcelona.*
en	situación en el espacio	*Tenerife está **en** las Canarias.*
	medios de transporte	*Voy **en** autobús al instituto.*
de	punto de salida o de origen	*El avión **de** Fortaleza llega a las 21.00.*
por	movimiento dentro de un lugar	*Me gusta pasear **por** la ciudad.*
	paso a través de un lugar	*El gato ha salido **por** la ventana.*

3. **Completa las frases con la preposición adecuada (en algunos casos, puede haber varias).**

a. Lucas vive ..*en*.. Zaragoza.
b. Para ir .... Barcelona .... Murcia hay que pasar .... Valencia.
c. Porto Alegre está .... el sur de Brasil.
d. Lucía siempre va .... bicicleta al instituto.
e. Esta mañana he patinado .... el parque.
f. Pamplona está .... 95 km de Vitoria.
g. A Emilio le encanta viajar .... avión.
h. Mi madre es .... Salvador de Bahía.
i. ¿Voy yo .... tu casa o vienes tú .... la mía?
j. Argentina está .... América del Sur.

Lección 2

¡VISITAMOS LAS CANARIAS!

1. **Lee la información turística de esta página web.**
Señala en el mapa de *La Ventana* (pp. 30 y 31) las islas que se citan.

KAYAK EN LOS ACANTILADOS DE LOS GIGANTES

a

Navegar en kayak al lado de los impresionantes acantilados de Tenerife es una de las experiencias más emocionantes de la isla.

AVISTAMIENTO DE CETÁCEOS EN LA GOMERA

c

¿Te gustaría ver las ballenas más de cerca que nunca y en su propio hábitat? ¡El océano Atlántico está lleno de maravillas!

SENDERISMO TEMÁTICO EN EL HIERRO

b

Diferentes rutas temáticas te esperan para explorar El Hierro de distintas maneras: árboles centenarios, volcanes, piscinas naturales...

VISITA LAS PALMAS CON RUTA DE COMPRAS

d

La capital de Gran Canaria tiene, según algunos estudios, el clima más agradable del mundo. Es el lugar ideal para pasear sin prisa.

canariasworld.com

2. **¿Y A TI? ¿Cuáles de las actividades propuestas te parecen divertidas? ¿Y aburridas? Coméntalo con tus compañeros/as.**

- *Para mí, pasear es aburrido...*

MIS PALABRAS

aburrirse
pasarlo bien / mal (en España)
pasarla bien / mal (en Hispanoamérica)

Mis palabras, p. 28

3. **Escucha y completa las frases con las actividades que les aburren y que les gustan a cada uno.**

3

Fernando → se aburre cuando *va de excursión.*
→ lo pasa bien cuando ....

Sandra → se aburre cuando ....
→ lo pasa bien cuando ....

¡HOLA! OLÁ!

aburrirse: *ficar entediado/a*

Hacer senderismo me aburre: *Fazer trilha me deixa entediado.*

4. **Fíjate en las palabras en negrita de los diálogos.**
Relaciónalas con las palabras de la derecha a las que se refieren.

1. ● ¿**La** conocen? ☐
   ○ No, no hemos ido.

2. ● ¿**Los** han visto? ☐
   ○ No, no **los** conocemos. ☐

a. la isla
b. las playas
c. el parque nacional
d. los acantilados

MI GRAMÁTICA

PRONOMBRES DE CD

¿**Lo** has visto? (el mar)
¿**La** has visto? (la playa)
¿**Los** conoces? (a los chicos)
¿**Las** conoces? (las islas)

Mi gramática, p. 24

¿QUÉ TIEMPO HACE?

1. **Mira la previsión del tiempo en Puerto de la Cruz. Responde a las preguntas en tu cuaderno.**

DICIEMBRE						
LUNES 5	MARTES 6	MIÉRCOLES 7	JUEVES 8	VIERNES 9	SÁBADO 10	DOMINGO 11
23 °C 15 °C	22 °C 14°C	25 °C 16 °C	23 °C 16 °C	24 °C 16 °C	23 °C 14 °C	22 °C 15 °C

a. ¿Qué tiempo va a hacer cada día?
El lunes va a hacer viento. El martes...

b. Fíjate en las temperaturas. ¿Va a hacer frío o calor?

2. **Escribe qué actividades puede hacer Dácil cada día según el tiempo.**

quedar con amigos para ir a dar una vuelta | hacer windsurf | quedarse en casa | bañarse en el mar | tomar el sol | ...

a. *El lunes puede hacer windsurf porque va a hacer viento.*
b. ....
c. ....
d. ....
e. ....
f. ....
g. ....

3. **¿Y TÚ? ¿Qué haces normalmente cuando hace ese tiempo? Escríbelo y, luego, compara con tus compañeros/as.**

4. **Investiga. Busca en internet el tiempo que va a hacer la semana que viene en tu ciudad. Preséntalo en clase como el hombre o la mujer del tiempo.**

- *El tiempo en... va a ser un poco inestable la semana que viene. El lunes...*

RECUERDA

va a llover

MIS PALABRAS

¿Qué tiempo hace?

NEVAR [e → ie]
nieva
(la nieve)

LLOVER [o → ue]
llueve
(la lluvia)

HACER
hace calor
(el calor)

hace frío
(el frío)

hace sol

hace viento

hace 23 grados

ESTAR
está nublado

HABER
hay tormenta

Mis palabras, p. 29

Lección 2 · Mi gramática

LOS PRONOMBRES DE COMPLEMENTO DIRECTO (CD)

me → *Mi madre me trae a clase en coche.*

te → *Te quiero mucho.*

lo / la → *¿Quién es ese chico? No lo conozco.*
→ *Esa isla no la conozco, pero Tenerife sí.*

nos → *Nos esperan a las ocho.*

os → *¡Os llamo mañana!*

los / las → *¿Donde están mis hermanos? No los veo.*
→ *No encuentro las llaves, siempre las pierdo.*

Utilizamos los pronombres personales para evitar la repetición del CD cuando este es conocido por los hablantes.

¿Te gustan las flores? Las he comprado hoy.

Se sitúan siempre delante del verbo (excepto con el infinitivo, el gerundio y el imperativo).

- *¿Qué vas a hacer con la tabla de surf?*
- *Llevarla a la playa.*

Los pronombres correspondientes a **usted** son **lo** y **la**, y a **ustedes** son **los** y **las**.

Buenos días, señor. La directora lo espera en su despacho.

Buenos días, señoras. La directora las espera en su despacho.

1. **María se va de excursión con su clase.**
Completa el diálogo con los pronombres adecuados.

PADRE: María, ¿llevas el bocadillo?
MARÍA: Sí, *lo* he puesto en la mochila.
PADRE: ¿Llevas los guantes? Hoy hace frío.
MARÍA: Sí, ... tengo en el bolsillo.
PADRE: ¿Te has puesto las botas de senderismo?
MARÍA: No, pero .... tengo en la mochila.
PADRE: ¿Y el dinero que te he dado?
MARÍA: ¡............ tengo, papá, tranquilo!
PADRE: Vale, pues ya podemos irnos.

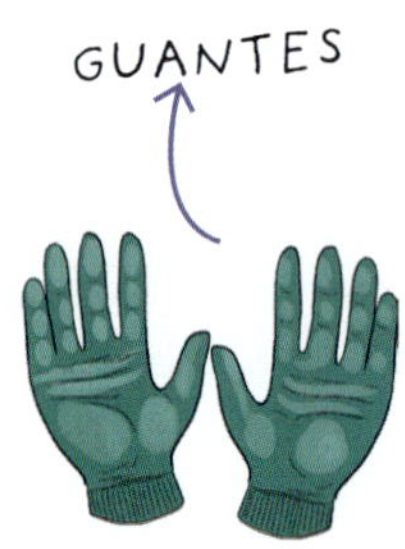

2. **Completa las frases con el pronombre adecuado.**
Fíjate en la parte subrayada.

a. ¿Y mi bolígrafo? No *lo* veo.
b. He comprado una cámara de fotos analógica y .... llevo en todos mis viajes.
c. Hemos perdido el autobús. ¿............ llevas a casa en coche, por favor? (A NOSOTROS)
d. ● ¿Dónde están tus libros?
○ No lo sé, no .... encuentro.
e. ¿Vosotros estáis de camino? Yo ya he llegado, ... espero en la puerta.
f. ● ¿Conoces la isla de Fuerteventura?
○ No, no .... conozco, pero quiero ir.
g. Chicos, ... espero a las siete en mi casa. (A USTEDES)
h. ¿Dónde está Lorena en esta foto? No .... veo.

¡UNA GRAN AVENTURA!

1. ¿Has practicado alguna vez estos deportes? ¿Cuáles te gustaría probar? Coméntalo en clase.

- *A mí me gustaría hacer...*
- *Yo he hecho...*

2. En parejas, nos hacemos estas preguntas. ¿Quién es el / la más aventurero/a?

- *¿Alguna vez has viajado en barco?*
- *Sí, dos veces.*

	VARIAS VECES	UNA VEZ	NUNCA
viajar en barco	*X (dos)*		
actuar o cantar en público			
comer flores			
practicar un deporte de aventura			
pescar			
comer insectos			
tocar una serpiente			
subir a una montaña rusa			
levantarte a las cinco de la mañana para ir de excursión			

RECUERDA

LA FRECUENCIA

- siempre
- muchas veces
- varias veces
- alguna vez
- casi nunca
- nunca

MIS PALABRAS

DAR MIEDO / ASCO / PEREZA / VERGÜENZA

Me da miedo **volar**.

Me da miedo **la oscuridad**.

Me da**n** miedo **los aviones**.

Mis palabras, p. 28

3. ¿Qué cosas de la actividad 2 te dan miedo, asco, pereza o vergüenza? Escríbelo en tu cuaderno.

Me da miedo subir a las montañas rusas.

EL JUEGO DE LA VERDAD. Una persona escribe tres frases en la pizarra sobre sus experiencias: dos ciertas y una falsa. Luego lanza una pelota a un/a compañero/a, que debe adivinar cuál es la falsa. Si falla, sale a la pizarra; si acierta, escoge a una persona para escribir otras tres frases.

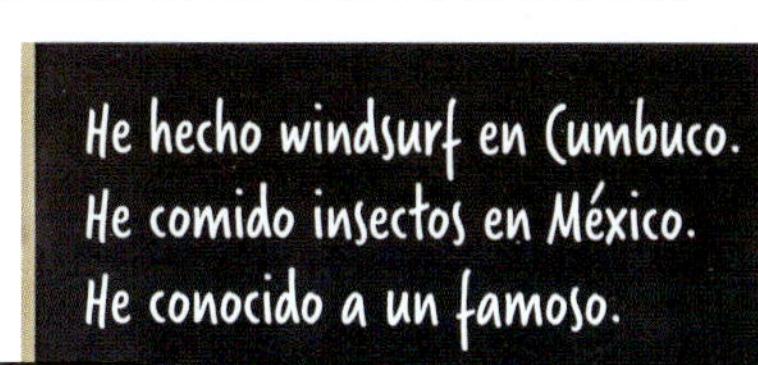

Nunca has comido insectos.

¡Sí he comido insectos!

Lección 3

¡PUEDES GANAR UN VIAJE!

1. **¿Intentamos ganar un viaje? En parejas, respondemos a las preguntas. ¡Tenemos tres minutos!**

1

200 puntos

Los Pirineos están...
- **a.** entre Bolivia y Perú.
- **b.** entre España y Perú.
- **c.** entre España y Francia.

2

250 puntos

¿Cuál es la ciudad más grande de España?
- **a.** Pontevedra.
- **b.** San Sebastián.
- **c.** Madrid.

3

500 puntos

Zaragoza está...
- **a.** en el oeste de España.
- **b.** en el norte de España.
- **c.** en el sur de España.

4

1000 puntos

¿Cuál es la montaña más alta de España?
- **a.** El Aconcagua.
- **b.** El Everest.
- **c.** El Teide.

5

2000 puntos

¿Cuál es el río más largo de América?
- **a.** El Nilo.
- **b.** El Amazonas.
- **c.** El Tajo.

6

5000 puntos

¿Cuál es el país más grande de habla hispana?
- **a.** Cuba.
- **b.** Argentina.
- **c.** Ecuador.

MI GRAMÁTICA

EL SUPERLATIVO

el río **más** largo **de**...

Mi gramática, p. **27**

MIS PALABRAS

100 cien
110 cien**to** diez
230 doscien**tos** treinta
500 **quinientos**
700 **sete**cien**tos**
900 **nove**cien**tos**
1000 mil
1400 mil cuatrocien**tos**
10 000 diez mil
20 000 veinte mil
100 000 cien mil
500 000 quinientos mil
1 000 000 un millón

Mis palabras, p. **29**

2. **Escuchamos el concurso y comprobamos nuestras respuestas. ¿Cuántos puntos hemos ganado?**

4

3. **En parejas, creamos dos preguntas más para el concurso. ¿Quién las acierta?**

....
....
....
....
.... **750 puntos**

....
....
....
....
.... **1250 puntos**

¡Tres mil novecientos cincuenta puntos !

4. **¿Qué viaje podemos hacer? Leemos los premios del concurso para saberlo.**

Entre 450 y 950 puntos: un viaje a Buenos Aires.
Entre 951 y 5950: un viaje a México.
Entre 5951 y 8950 puntos: un viaje a Barcelona.
Entre 8951 y 10950 puntos: una ruta por todo el mundo de habla hispana.

EL SUPERLATIVO

Superlativo de superioridad

el / la	+	nombre	+	más	+	adjetivo	+	(de)

La montaña más alta de España es el Teide.

Superlativo de inferioridad

el / la	+	nombre	+	menos	+	adjetivo	+	(de)

La provincia menos poblada de España es Soria.

Existen algunos superlativos irregulares:

~~más bueno/a/os/as~~ → **mejor/es**
~~más malo/a/os/as~~ → **peor/es**

Para mí, la mejor asignatura es Español.

1. **Completa estas preguntas sobre tu país. Luego, escribe las respuestas.**

   a. ¿Cuál es .... ciudad .... grande? → ....
   b. ¿Cuál es .... río .... largo? → ....
   c. ¿Cuál es .... montaña .... alta? → ....
   d. ¿Cuáles son .... dos ciudades .... turísticas? → ....
   e. ¿Cuáles son .... dos comidas .... famosas? → ....

2. **Completa con los superlativos de los siguientes adjetivos. ¡No olvides la concordancia!**

   bueno | antiguo | ~~bonito~~ | grande

   ● Si vas a Andalucía, tienes que visitar Córdoba y Cádiz.
   ○ ¿Cuál es la *más bonita*?
   ● Las dos son preciosas. Cádiz es la ....: ¡hay ruinas fenicias del siglo VIII a. C.!
   ○ ¿Y cuál es la ....?
   ● Córdoba. Tiene unos 326 000 habitantes.
   ○ ¿Y qué playas de Cádiz me recomiendas?
   ● Para mí, la .... es la de Conil, pero todas están bien.

Mis palabras

LAS ACTIVIDADES

● TURÍSTICAS

- viajar
- pasear = dar una vuelta
- bañarse
- tomar el sol
- visitar un lugar
- ver ballenas / ...
- explorar
- quedarse (en un lugar)
- quedar con amigos

● DEPORTIVAS

Hacer...

- windsurf
- rafting
- paracaidismo
- submarinismo
- escalada
- vela
- senderismo

¡También decimos ir de excursión!

LOS MEDIOS DE TRANSPORTE

Ir en...

- barco
- monopatín
- coche
- bicicleta
- tren
- autobús
- avión
- teleférico
- metro

Ir a...

- pie

EMOCIONES Y EXPERIENCIAS

Dar...

- pereza
- asco
- vergüenza
- miedo

- aburrirse
- pasarlo/a bien

A. FALSOS AMIGOS

¡HOLA! OLÁ!

1. **Traduce al español las siguientes frases.**

   a. Ernesto fica muito entediado na aula de história.

   ....

   b. Eu nunca vou de carro porque não gosto de dirigir.

   ....

   c. A cratera está localizada a 3718 metros de altitude.

   ....

   d. A ilha é de origem vulcânica.

   ....

B. LOS NÚMEROS

2. **Escribe estos números en letras.**

   a. 555 ⟶ *quinientos cincuenta y cinco*

   b. 5555 ⟶ ....

   c. 55 555 ⟶ ....

   d. 555 555 ⟶ ....

EL ENTORNO NATURAL

LA GEOGRAFÍA

la montaña

el río

el lago

el mar

la playa

la isla

el volcán

los acantilados

EL TIEMPO

el sol
(hace sol)

el viento
(hace viento)

la nube
(está nublado)

la tormenta
(hay tormenta)

la lluvia
(llueve)

la nieve
(nieva)

el frío ≠ el calor
(hace frío ≠ hace calor)

LOS NÚMEROS

100 cien
101 cien**to** un/**o**/**a**
135 cien**to** treinta **y** cinco
...
200 dos**cientos/as**
300 tres**cientos/as**
400 cuatro**cientos/as**

500 quinientos/as
600 seis**cientos/as**
700 setecientos/as
800 ocho**cientos/as**
900 novecientos/as
1000 mil
2000 dos mil

...
10 000 diez mil
...
200 000 dos**cientos/as** mil
...
1 000 000 un millón
2 000 000 dos millones

C. EL TIEMPO

3. Traduce los dibujos a palabras o expresiones.

a. En la Patagonia, hoy [frío] y [nieve]. → *En la Patagonia, hoy hace frío y nieva.*

b. En Madrid, hoy [nube], pero [calor]. → ....

c. En Tarifa, hoy [sol] y [viento]. → ....

d. En Bogotá, hoy [lluvia]. → ....

PENSAMIENTO CREATIVO

¡Crea tu mapa mental! Escribe las palabras de la unidad que te interesan y añade otras para hablar de las actividades que has hecho o que te interesan. Si quieres, añade fotos y dibujos.

https://www.laventana.rep

LAS ISLAS CANARIAS, UN MUNDO EN CADA ISLA

↑ *Islas Canarias*, vacaciones-espana.es

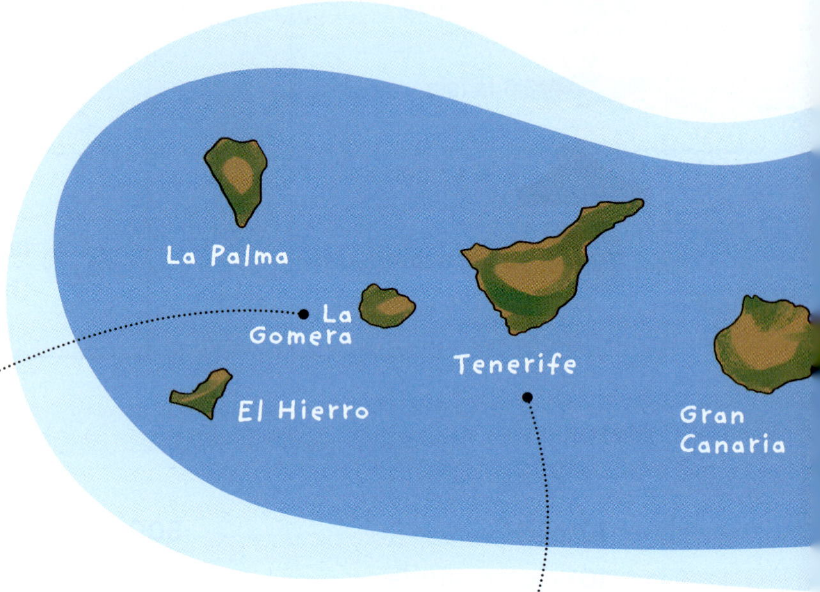

El lenguaje de los silbidos

El lenguaje silbado de la isla de La Gomera, llamado "silbo gomero", reproduce con silbidos el español hablado por los isleños. Transmitido de maestros a discípulos a lo largo de siglos, es el único lenguaje silbado del mundo practicado por una comunidad numerosa (más de 22 000 personas). El silbo gomero es considerado Patrimonio de la Humanidad según la UNESCO.

↑ unesco.org

Los guanches

Eran los antiguos habitantes de la isla de Tenerife y su lengua estaba relacionada con las lenguas bereberes del norte de África. Hace siglos que no se habla, pero se conserva en algunos nombres de personas, como Airam, Gara o Dácil, y también en nombres de lugares.

← Escultura de un jefe guanche

Por Dácil,
corresponsal
desde Puerto
de la Cruz

La isla de los volcanes

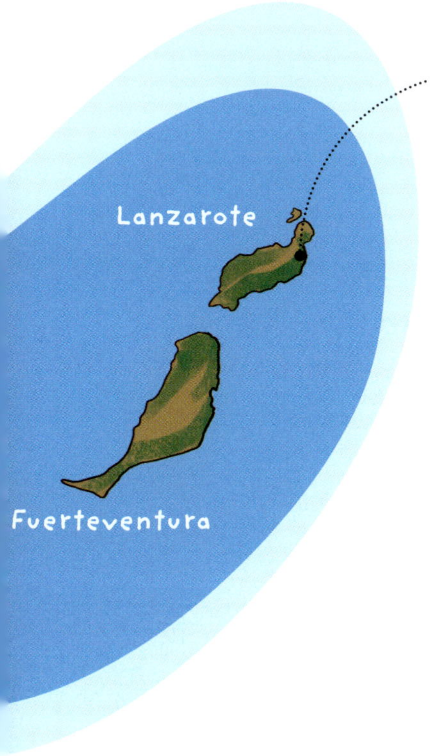

En el interior del parque nacional de Timanfaya (Lanzarote) se puede observar una gran variedad de fenómenos geológicos relacionados con su naturaleza volcánica, así como una gran diversidad de especies. Se trata de un hábitat donde la presencia humana ha sido prácticamente nula.

lanzaroteysusvolcanes.blogspot.com.es ↑

↑ Timanfaya (Lanzarote) →

ACTIVIDADES

1. **¿Qué se conserva de la lengua guanche?**
2. **¿Qué valor tiene el silbo gomero según la UNESCO?**
3. **¿Qué tiene de especial el parque nacional de Timanfaya?**
4. **¿Cuál de estas islas te gustaría visitar? ¿Por qué?**
5. **Ve el vídeo y responde.**
   - **a.** ¿Dónde están las islas Canarias?
   - **b.** ¿Cuáles son las islas más visitadas?
   - **c.** ¿Qué recomiendan visitar en Tenerife?
   - **d.** ¿Qué se puede hacer durante todo el año?

¡ERES PERIODISTA!

Vas a investigar sobre una de las islas Canarias.

1. **Busca información en internet sobre una de las islas y completa una ficha con estos datos:**
   - **nombre de la isla**
   - **ciudades o pueblos importantes**
   - **actividades que se pueden hacer**
   - **lugares que se pueden visitar**
   - **clima**

Géneros textuales Y ESTRATEGIAS

La encuesta

PENSAMIENTO CRÍTICO

1. **Lee esta encuesta, ten en cuenta el tema y escribe dos preguntas más en tu cuaderno. ¿Coinciden tus preguntas con las de tus compañeros/as?**

1. ¿A qué tipo de destinos turísticos has viajado?

☐ playa ☐ ciudad histórica
☐ campo ☐ selva
☐ gran ciudad

2. En tus viajes, ¿qué medios de transporte has usado?

☐ tren ☐ autobús
☐ coche ☐ barco
☐ avión

3. ¿Dónde te has hospedado?

☐ hotel ☐ apartamento
☐ casa rural ☐ tienda de campaña

4. ¿Qué actividades turísticas has hecho?

☐ visitar museos ☐ practicar deportes
☐ bañarse ☐ ver monumentos

2. **Ahora, responde a la encuesta. Luego, toda la clase pone en común sus respuestas y, entre todos/as, hacemos un gráfico en la pizarra. Comentamos los resultados.**

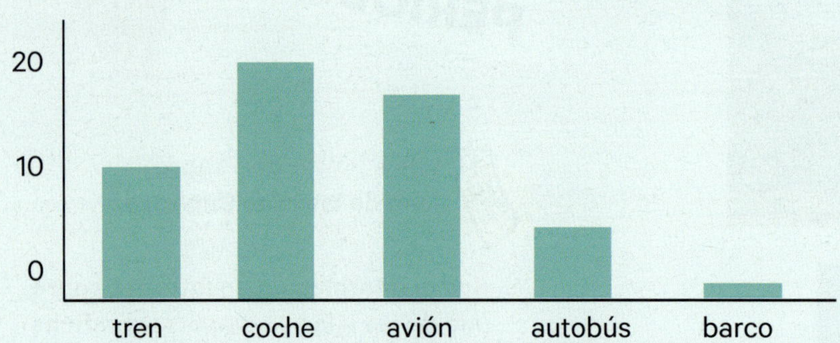

- *Nadie ha estado nunca en la selva.*
- *Todos hemos viajado en coche alguna vez.*

3. **Comenta estas preguntas con tus compañeros/as.**

a. ¿Cuál es el objetivo de esta encuesta?

b. ¿Con qué fines podemos utilizar una encuesta en la escuela?

c. ¿Alguna vez has tenido que hacer alguna encuesta en la escuela? ¿Te parece útil?

4. Ahora, **haz** la minipráctica.

MINIPRÁCTICA **LA ENCUESTA**

Vas a hacer un cuestionario para investigar qué tipo de excursión escolar preferimos en clase. Elabora dos preguntas sobre alguno de estos puntos (u otro que consideres importante):

- Ciudad o lugar de interés
- Horario
- Asignatura relacionada (Historia, Geografía, etc.)
- Objetivo académico
- ...

Después de entrevistar a tus compañeros/as de clase, resume los resultados en un gráfico.

ESTRATEGIAS

- **Investiga** qué tipo de excursiones se hacen normalmente en tu escuela o en otras.
- **Escribe** las dos preguntas y **haz** tantas copias como sea necesario para entrevistar a todos/as tus compañeros/as de clase.
- Si lo prefieres, **usa** una herramienta digital para elaborar encuestas y formularios. Te ayudará a hacer la recogida de datos y a presentar los resultados.

Taller de lengua

¡MI VIDA ES UN VIAJE!

PENSAMIENTO CREATIVO

Me preparo

1. Vas a **crear** una página de **un cuaderno de viajes** para ilustrar **lo que has hecho en un fin de semana**. Guarda tiques de transporte, etiquetas, entradas de cine, flores recogidas en un parque...

Lo creo

2. **Pega todos los objetos** en tu libreta. También **puedes hacer dibujos y pegar fotos. Escribe frases** para contar qué has hecho.

Lo presento

3. **Enseña y explica tu cuaderno** a la clase. ¿Cuál es más original? ¿Cuál es más bonito?

Alternativa no digital
Usa un programa de tratamiento de imagen para componer un *collage* con los elementos escogidos.

EXPRESIÓN ESCRITA

Imagina que estás de viaje por tu país. Vas a escribir dos publicaciones para una red social explicando tu experiencia. Sigue los siguientes pasos:

a. Antes de escribir, **piensa** en dos momentos del viaje.

- ¿Dónde estás en cada uno de los dos momentos?
- ¿Qué otros lugares has visitado ese día?
- ¿Qué actividades has hecho en cada lugar?
- ¿Cómo te lo has pasado en cada momento (**pasarlo bien / mal, aburrirse**...)?
- ¿Cómo valoras la experiencia en general?

b. Ahora, **escribe** las publicaciones usando la información del esquema. **Añade** fotografías o dibujos para ilustrarlas.

¡Hola! Estoy en...

Hoy...

PRUEBA 1. COMPRENSIÓN DE LECTURA

TAREA 3 DELE A2/B1 PARA ESCOLARES (=TAREA 4 DELE A2)

INSTRUCCIONES

Vas a leer un artículo sobre Julia Castro, cuatro veces campeona de España de *wakeboard* y subcampeona del mundo de *kitesurf*. Después, debes contestar a las preguntas (1-6). Selecciona la respuesta correcta (A, B o C).

Marca las opciones elegidas en la Hoja de respuestas.

Julia Castro: «El viento es mi mayor pasión»

En las últimas décadas los deportes acuáticos han experimentado un enorme desarrollo. Los más tradicionales, como la natación o el piragüismo, comparten popularidad con el surf, que ha multiplicado tanto su número de aficionados como sus modalidades. Julia Castro Christiansen practica dos: *kitesurf* (surfear con ayuda de una gran cometa en lugar de una vela) y *wakeboard* (esquí acuático sobre tabla).

Los éxitos de Julia pueden verse en www.fuertejulia.com, donde impresionantes imágenes de algunos de los mejores fotógrafos actuales muestran lo fácil que es para ella saltar entre las olas como un pez y volar al viento como un pájaro. «La palabra *fuerte* no solo indica dónde nací, Fuerteventura, una isla del Atlántico a cien kilómetros de África. Además, define mi manera de ser, actuar y pensar. Por eso es *fuertejulia*, sin apellidos», comenta la deportista canaria.

Julia nació en 1994, de padre español y madre danesa. Ambos se dedicaban al buceo y le contagiaron su pasión por el mar. Es la mayor de tres hermanos y dos hermanas. «Casi siempre estoy viajando. Voy a casa dos o tres veces al año y entonces intento pasar mucho tiempo con ellos, sobre todo con la más pequeña, que es graciosísima», dice Julia. Viven todos en la isla con su madre, además de tres perros y seis gatos. Pero, cada vez que vuelve del extranjero, a Julia también le gusta pasar unos días en casa de su abuela, que vive en Madrid.

Con 8 años ya tenía su primera estrella de buceadora y había practicado kárate, hípica y vela antes de ganar cuatro medallas de oro en el campeonato de atletismo de Canarias en 2011. Sin embargo, se rompió los ligamentos de la rodilla derecha y tuvieron que operarla. Desgraciadamente, no ha sido la única vez que ha tenido que pasar por el cirujano: cuatro años después la operaron de un hombro.

Desde entonces no ha podido volver a correr en pista, pero fue así como descubrió el *kitesurf* y el *wakeboard*. Combinar estas disciplinas diferentes es, sin duda, una dura tarea y el entrenamiento es fundamental.

«Voy al agua todos los días. En *kite*, las mejores condiciones para entrenar suelen darse por la tarde y, en *wake*, por la mañana. Últimamente, estiro mucho, hago yoga y *foil*, que es un tipo de surf que me permite navegar sin depender de las olas ni del viento. También voy al gimnasio, aunque no cuando se acercan las competiciones. Además, intento sacar tiempo para mis aficiones. La escalada fue mi vida después de mi operación de rodilla, pero ahora para mí no hay nada más maravilloso que sacar fotos cuando voy a bucear. El fondo marino tiene paisajes increíbles. También me dedico a leer y a las redes sociales. Mis historias en Instagram son muy divertidas, creo. Pero las redes no son solo diversión. Hay que pasar muchas horas delante del ordenador, respondiendo mensajes e informando a mis tres patrocinadores: Playa de Jandía, el sello turístico del ayuntamiento de Pájara, mi pueblo, y dos marcas comerciales, una de moda y otra de material deportivo».

PREGUNTAS

1. La página web de Julia...
- **a.** es www.fuertejulia.com porque este nombre expresa bien su personalidad.
- **b.** muestra su amor por los animales y la naturaleza.
- **c.** presenta fotos fantásticas de su ciudad de origen.

2. En la casa familiar de Julia...
- **a.** viven su madre y sus dos hermanas pequeñas.
- **b.** viven seis personas, aunque ella a menudo está fuera.
- **c.** también suele estar su abuela muchas veces al año.

3. A los 17 años, Julia...
- **a.** sufrió un grave problema en un pie.
- **b.** consiguió algunos premios como atleta.
- **c.** tuvo una operación en la espalda.

4. Sobre su preparación diaria, Julia dice que...
- **a.** el yoga y el *foil* la ayudan a olvidar las preocupaciones.
- **b.** practica el surf con cometa después del *wakeboard.*
- **c.** prefiere entrenar en el gimnasio antes de competir.

5. A Julia le encanta...
- **a.** leer historias en las redes sociales.
- **b.** el lado administrativo de su profesión.
- **c.** tomar imágenes debajo del agua.

6. Además de su actividad deportiva, Julia...
- **a.** colabora con varias ONG.
- **b.** también teletrabaja como asesora informática.
- **c.** dedica tiempo a sus empresas patrocinadoras.

SOMOS CIUDADANOS

EL FUTURO HECHO A MANO

PENSAMIENTO CRÍTICO

1. **Cuando la gente viaja, muchas veces compra productos típicos del lugar que visita. ¿Qué tipo de productos compran los turistas?**

2. **¿Qué sabemos de esos productos "típicos"? Reflexiona.**
   - **a.** ¿Son realmente típicos y parte de una tradición cultural?
   - **b.** ¿Son realmente fabricados en el lugar?
   - **c.** ¿A quién beneficia su comercio? ¿A los artesanos locales?

3. **Observa la imagen y descríbela. ¿Dónde están? ¿Qué crees que están haciendo?**

Carla Fernández, Singapore International Festival of Arts

Carla Fernández es una diseñadora de moda que trabaja con varias ONG. Ha creado el Taller Flora, donde trabaja con artesanas mexicanas y utiliza telas y dibujos tradicionales indígenas.

4. **Ve el vídeo sobre el Taller Flora y responde.**
   - **a.** ¿Quiénes trabajan en el taller? ¿Qué hacen?
   - **b.** ¿La tradición indígena tiene importancia en el taller? ¿Por qué?
   - **c.** ¿Cuáles son los objetivos del taller?
   - **d.** ¿Quiénes son las mujeres que aparecen al final? Describe a tres mujeres; puedes usar estas palabras u otras.

tímida | orgullosa de su trabajo | alegre | seria

5. **Reflexiona. ¿Por qué crees que Carla Fernández ha escogido el lema "Para nosotras el futuro está hecho a mano" para referirse al taller?**

6. **Actúa. Investiga y encuentra una iniciativa semejante en Brasil. ¿Qué vende? ¿A quién beneficia?**

Cuaderno de ejercicios

1. **Escribe un correo electrónico a un/a compañero/a de clase.**
Cuéntale qué has hecho este fin de semana. El pretérito perfecto, p. 20

ir a | jugar | pasear por | comer | dormir | hacer

Para: ....

Asunto: Este fin de semana

Hola, ...:

Este fin de semana lo he pasado .... porque he... ....

....

....

....

Y tú, ¿qué has hecho este fin de semana?

Un saludo y hasta pronto,

....

2. **Completa con los medios de transporte.** Los medios de transporte, p. 28

Querida Antonia:

¡Ya hemos llegado a Tenerife! El viaje ha sido

un poco cansado... Hemos tenido que tomar

un *tren*  hasta Madrid y, luego,

un .... hasta la isla de Tenerife.

Por la tarde hemos ido al Teide, que es la montaña

más alta de España. ¡Ha sido superdivertido

ir en ....  !

Mañana queremos ir en ....  a una isla cercana

que se llama La Gomera. Allí vamos a alquilar

un ....  para visitar toda la isla.

Un beso y hasta pronto,

Sara

Cuaderno de ejercicios

3. **Estos verbos regulares forman el participio en -ado o -ido.**
Clasifica cada verbo en el esquema. Formación del participio, p. 20

~~viajar~~ | visitar | tener | pasar | comer | dormir | estudiar | salir

Participio en -ado → *viajado*, ..., ..., ...

Participio en -ido → ...., ..., ..., ...

4. **Relaciona los infinitivos con los participios.** Formación del participio, p. 20

a ver *2* | b hacer | c ser | d ir | e decir | f escribir | g poner

1 ido | 2 visto | 3 hecho | 4 sido | 5 escrito | 6 puesto | 7 dicho

5. **Completa la tabla con los verbos que faltan.** El pretérito perfecto, p. 20

INFINITIVO	¿QUIÉN?	PRETÉRITO PERFECTO
jugar	nosotros	*hemos jugado*
llegar	ustedes	....
beber	tú	....
....	....	ha venido
....	....	he visto

6. **¿Qué ha hecho Ana este verano? Completa las frases.** Las actividades, p. 28

a

b

c

d
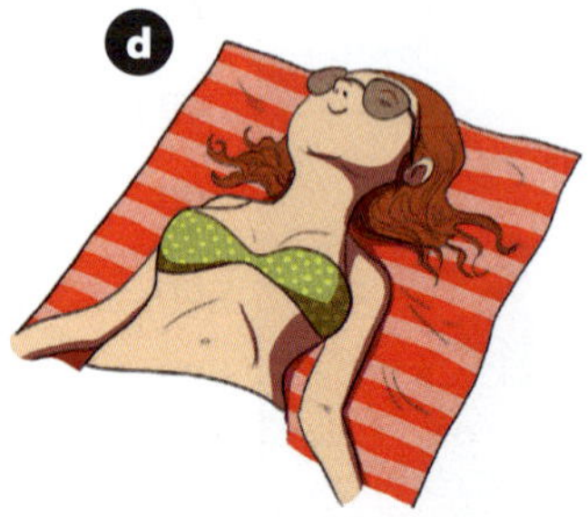

a. Ha hecho *senderismo*.

b. Ha hecho ....

c. Se ha .... en el mar.

d. Ha .... el .... en la playa.

7. **Completa el diálogo con estos verbos en pretérito perfecto.** El pretérito perfecto, p. 20

hacer (2) | ver | pasar | estar | subir | ir

- ¿Qué (TÚ) *has hecho* estas vacaciones?
- (YO) .... de campamento con unos amigos.
- ¡Qué guay! ¿Lo .... bien?
- Sí, genial. Y tú, ¿qué ....?
- Pues mis padres y yo .... en las Canarias.
- ¿Ah, sí? ¿Y qué ....?
- Muchas cosas, pero lo mejor es que .... al Teide.

8. **Completa las frases con estas preposiciones.** Preposiciones de localización y movimiento, p. 21

en (3) | de | por | a (3)

a. Este verano hemos estado *en* el pueblo de mis abuelos.
b. Yo nunca he viajado .... avión. ¿Y tú?
c. ¿El tren pasa .... Zaragoza?
d. .... 200 metros .... mi casa hay un parque.
e. ¿Vamos .... la playa esta tarde?
f. El instituto está .... media hora de mi casa. Siempre voy .... bicicleta.

9. **Mira la previsión del tiempo para mañana en las islas Canarias.**
Escribe qué tiempo va a hacer en cada isla. El tiempo, p. 29

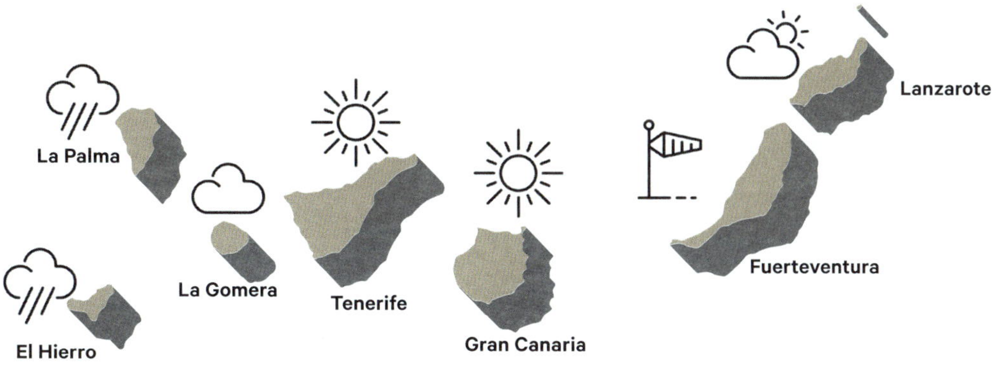

a. En La Palma *va a llover.*
b. En El Hierro ....
c. En La Gomera ....
d. En Tenerife ....
e. En Gran Canaria ....
f. En Fuerteventura ....
g. En Lanzarote ....

Cuaderno de ejercicios

10. Completa las frases con estas palabras. Las actividades (turísticas y deportivas), p. 28

~~quedar~~ | quedarse | bañarse | dar una vuelta | tomar el sol

a. Mañana Dácil va a *quedar* con unos amigos para hacer windsurf.

b. ¿Vienes a .... en bici por el centro de la ciudad?

c. Mi hermano tiene miedo y no quiere .... solo en casa.

d. A Sara no le gusta .... en la playa, prefiere .... en el mar o jugar en la arena.

11. Completa las frases con estas palabras.

~~he quedado~~ | se ha quedado | ha quedado | me he quedado

a. Este fin de semana *he quedado* para ir al cine.

b. Este fin de semana .... en casa para hacer los deberes. ¡Tengo muchos!

c. Lucía .... en Budapest unos días más. ¡Le ha gustado mucho!

d. Lucía .... con sus antiguos amigos del barrio.

12. Relaciona las frases de estos cuatro diálogos. Los pronombres de complemento directo (CD), p. 24

a. ¿Dónde están mis libros? [3]

b. ¿Conoces la ciudad de Lisboa? [ ]

c. ¿Has visto mis gafas de sol? [ ]

d. ¿Ya tienes billete de avión? [ ]

1. Sí, lo he comprado esta mañana.

2. Sí, las he puesto en la mesa.

3. Creo que los he visto en tu cuarto.

4. No, no la he visitado nunca.

13. Completa las frases con el pronombre adecuado.
Fíjate en las partes destacadas. Los pronombres de complemento directo (CD), p. 24

a. **A vosotros** no *os* he visto en la fiesta.

b. Sara, ahora no puedo hablar, ¿............ llamo más tarde? (A TI)

c. ¿Mañana .... llevas al aeropuerto en coche? (A SOFÍA Y A MÍ)

d. Me encantan **estos cómics**. ¡............ he leído tres veces!

e. Voy al quiosco. ¿............ acompañas? (A MÍ)

f. Me gusta mucho **tu nueva bicicleta**. ¿Cuándo .... has comprado?

g. ● ¿Me has traído **el libro**?
○ Sí, ... tengo en la mochila.

14. **¿Y A TI? ¿Qué emociones producen estas cosas?** **Escribe frases en tu cuaderno.** Emociones y experiencias, p. 28

a. a mí + asco + 

A mí me dan asco las arañas.

b. a Santi y a mí + miedo + 

c. a Rocío + vergüenza + 

d. A Carmen y a Raquel + miedo + 

e. a Luis y a ti + pereza + 

f. a nosotros + miedo + 

g. a mí + pereza + 

h. a Mar y a ti + miedo + 

15. **Completa las frases con que o de.** El superlativo, p. 27

a. ¿El Teide es más alto *que* el Mont Blanc?

b. El Aconcagua es la montaña más alta .... América.

c. ● El parque Güell es el monumento más conocido .... Barcelona, ¿no?
 ○ Yo creo que la Sagrada Familia es más famosa .... el parque Güell.

d. Madrid es cinco veces más grande .... Pontevedra.

e. El Tajo es el río más largo .... España.

f. Soria es la provincia con menos habitantes .... España.

g. El Amazonas es el río más largo .... América.

16. **Escribe cinco frases sobre Brasil. Sigue el modelo de la actividad anterior.**

a. *El Pico de Neblina es la montaña más alta de Brasil.*

b. ....

c. ....

d. ....

e. ....

17. **Escribe los números en letras.** Los números, p. 29

a. 680 *seiscientos ochenta* .... kilos.

b. 112 .... años.

c. 178 .... días.

d. 2017 .... páginas.

e. 2226 .... puntos.

18. **Haz preguntas a alguien externo a la escuela.**
Marca sus respuestas en la tabla.
Escribe frases con las actividades que ha practicado.

	Varias veces	Una vez	Nunca
viajar en avión			
actuar en una obra de teatro			
comer flores			
practicar un deporte de aventura			
pescar			
comer insectos			
tocar una serpiente			
montar en una montaña rusa			
ordenar tu habitación			

He entrevistado a... Nunca ha... ....

....

....

....

....

....

....

....

....

19. **Observa el cuaderno de viajes de Antonio.**
Relaciona las frases con los números de las imágenes.

a. ~~tomar un avión~~	**b.** estar en la oficina de turismo	**c.** subir en el teleférico del Teide
d. visitar un museo	**e.** viajar a La Gomera en ferry	**f.** pasear por La Gomera

20. **Escribe cinco frases sobre lo que Antonio ha hecho en las Canarias.**

a. *Antonio ha tomado un avión.*
b. ....
c. ....
d. ....
e. ....

UNIDAD 2

Gente creativa

- ¿Te consideras una persona creativa?
- ¿En tu entorno las personas le dan mucha importancia a la ropa?

En esta unidad nos habla Guadalupe desde Ciudad de México (México).

LECCIÓN 1

Hablo de... las cosas que tengo y de cómo crear un objeto.

- Los materiales y los objetos
- Las instrucciones para hacer manualidades: **cortar**, **pegar**...
- Los pronombres de CD y CI

LECCIÓN 2

Hablo de... la ropa, de la forma de vestir y de lo que expresa.

- La ropa (I)
- Formas de vestir
- El verbo **llevar**
- **Querer** / **necesitar** + nombre / infinitivo

LECCIÓN 3

Hablo de... la ropa y me desenvuelvo en una tienda.

- La ropa (II)
- Preguntas en una tienda
- **Llevar** / **llevarse**
- Los demostrativos
- Los interrogativos

Taller de lengua Creo un tutorial para fabricar un objeto.

LA VENTANA (PERIÓDICO DIGITAL): Hablamos de distintas formas de artesanía mexicana.

GÉNEROS TEXTUALES Y ESTRATEGIAS: Textos creativos (calaveras literarias).

ACTIVIDADES COMUNICATIVAS: Expresión e interacción escritas.

ESPACIO DELE: Comprensión de lectura.

SOMOS CIUDADANOS: Conocemos a una diseñadora de moda con síndrome de Down.

Ciudad de México: 1. Vista panorámica. 2. Biblioteca de la Universidad de México. 3. Día de Muertos 4. Palacio de Bellas Artes.

Dácil
¿Me pueden ayudar? 😩 El sábado es el cumple de mi madre y no sé qué regalarle. 🎂 🎁 17:14

Guadalupe
¿Qué le gusta? ¿👗 🎵 📖 🌸? 17:18

Dácil
¿¿¿ ??? 😬 17:25

Guadalupe
Yo a mi mamá siempre le regalo joyas 💍 artesanales.
¡Le encantan! 👍 ❤️ 17:41

Dácil
😱 💵 😩 18:00

Guadalupe
¿Por qué no le haces algo tú? Puedes decorar un marco 🖼️ de madera y ponerle una foto tuya. 18:02

Dácil
Buena idea,
¡¡¡GRACIAS!!! 👍 👏 😘 18:10

EN MARCHA

1. **Lee los mensajes. ¿Puedes interpretar estos emoticonos?**

   👗 → *ropa*
   🎵 → ....
   📖 → ....
   🌸 → ....

2. **Explica qué problema tiene Dácil y qué soluciones le da Guadalupe.**

3. **Escucha la entrevista a Guadalupe. ¿A qué se refiere cada frase?** 🎧 5

   a. Le gusta crearlas. → *joyas*
   b. No la sigue. → ....

¿SABÍAS QUE...?

Ciudad de México es una de las ciudades más grandes del mundo y, junto a São Paulo, la más grande del continente americano. Antes de la llegada de los españoles, se llamaba Tenochtitlan y era la capital del Imperio mexica.

Lección 1

MIS COSAS FAVORITAS

1. **Relaciona los objetos favoritos de Guadalupe con las frases que dice sobre ellos. ¿De qué objetos no habla?**

a. La uso mucho y la llevo a todas partes. [*3*]

b. Me lo regaló mi tía cuando cumplí 11 años, ¡es comodísimo! Lo tengo en mi cuarto. [ ]

c. Hace dos años que lo tengo y me encanta ponérmelo porque es muy calentito, es de lana. [ ]

d. Es de goma. La hice este fin de semana y me queda superbién. [ ]

2. **Escucha a Guadalupe. Completa esta tabla con información sobre los tres objetos que no se describen en la actividad 1.** (6)

	QUÉ ES	QUÉ DICE DE ÉL
a.		*Lo / La tiene desde...*
b.		
c.		

3. **Piensa en uno de tus objetos favoritos y descríbelo.**

a. ¿Qué es? ¿Para qué lo utilizas? ....

....

b. ¿Desde cuándo lo tienes? ....

....

RECUERDA

LA DURACIÓN

desde 2003

desde los x años

desde hace x años / meses...

hace x años / meses... **que**...

LOS PRONOMBRES DE CD

El pasaporte **lo** necesita para...

La cámara **la** tiene desde...

Los libros **los** lee...

Las pulseras **las** hace...

MIS PALABRAS

de — lana / goma / madera / papel / plástico / tela

....

ponerse (ropa)

Mis palabras, p. 57

¡HOLA! OLÁ!

goma: *borracha*

borracha: *bêbada*

tela: *tecido*

pantalla: *tela*

¿CREAR O COMPRAR?

1. Relaciona **las instrucciones con las imágenes. Luego,** ve **el vídeo y** comprueba **tus respuestas.** VÍDEO 3

PENSAMIENTO CREATIVO

"Tutorial Día de Muertos", Craftingeek

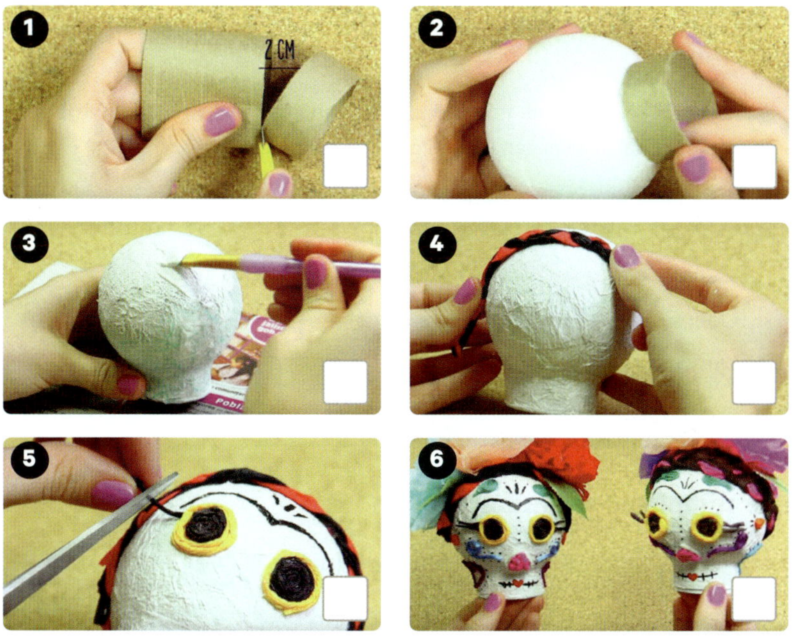

a. Pegamos papel de cocina o baño en nuestra figura y la pintamos de blanco.

b. Y mientras la trenza se seca, hacemos las decoraciones con pintura y papel.

c. Ya tenemos lista nuestra calaverita.

d. Tomamos un rollo de cartón y cortamos un trozo de 2 cm.

e. Lo pegamos a una bola de unicel.

f. Para decorarla, pegamos una trenza de lana.

Léxico del vídeo: 1. Frida-Catrina: mezcla de Frida Kahlo y Catrina (personaje de una mujer esqueleto) 2. unicel (en México) = porexpán (en España) 3. chiquita (en México) = pequeñita (en España) 4. listón (en México) = cinta (en España)

2. Escribe **para qué sirven estos objetos y materiales.**

- las pinturas → *Las usa para pintar la cara de la figura.*
- el rollo de cartón → ....
- la bola de unicel → ....
- el papel de colores → ....

COMPARTIMOS EL MUNDO

El Día de Muertos se celebra en México el 1 de noviembre para honrar a los muertos. No es una fiesta triste: ese día los mexicanos celebran la vida y se ríen de la muerte con calaveras y esqueletos.

Mira el vídeo. ¿Qué te sorprende más? ¿Conoces otras tradiciones para recordar a los antepasados?

Gran celebración y desfile del Día de Muertos, Ciudad de México, Maxico

EL JUEGO DE LAS ADIVINANZAS. Un/a compañero/a piensa en un objeto de la clase y da pistas sin decir su nombre. El resto tiene que adivinarlo.

La usa el profesor para escribir.

¡La pizarra!

Lección 1 · Mi gramática

LOS PRONOMBRES DE COMPLEMENTO INDIRECTO (CI)

Los pronombres de CI se sitúan siempre delante del verbo, excepto con el infinitivo, el gerundio y el imperativo.

me	→	*¿Me dejas tu diccionario?*
te	→	*Te he enviado la foto por correo.*
le	→	*Le llevo estos libros a Imelda*.*
nos	→	*Nos dieron la noticia por la tarde.*
os	→	*Os recomiendo esta película.*
les	→	*Les di las entradas a mis primas*.*

Cuando el complemento indirecto aparece antes del verbo, el pronombre de CI es obligatorio.

A Marta le han comprado una cámara. (A Marta = CI)

* Cuando el complemento indirecto está en la frase después del verbo, lo más habitual es usar también el pronombre de CI.

Le han comprado una cámara a Marta. (a Marta = CI)

Los pronombres correspondientes a **usted** y **ustedes** son **le** y **les**.

Buenos días, señor. ¿Le preparo un café?

Buenos días, señoras. Ahora les traigo la carta.

1. Completa **estos diálogos con pronombres de complemento indirecto.**

a. ● ¿Sabes algo de Inés?
○ Sí, me llamó ayer y *me* habló de su nueva casa. (A MÍ)

b. ● ¿Has avisado a tus padres?
○ Sí, ... he enviado un mensaje.

c. ● Necesito un bolígrafo.
○ Claro, señor García, ... dejo el mío.

d. ● Qué contentas están Elisa y Paula, ¿no?
○ Claro, es que .... han dado un premio.
● Paula es mi alumna, ... doy clase de dibujo.

LA COMBINACIÓN DE PRONOMBRES DE CI Y CD

CI		CD
me		
te		
~~le~~ → **se***		
nos	→ +	**lo / la / los / las**
os		
~~les~~ → **se***		

¿Te gusta este sombrero? Me lo regaló mi madre.

Las pulseras nos las compró mi hermano y los guantes nos los regaló mi tía.

* le / les + lo → **se lo**
* le / les + la → **se la**
* le / les + los → **se los**
* le / les + las → **se las**

● *¿Le has dado el regalo a tu madre?*
○ *No, se lo voy a dar esta tarde.*

2. Completa **estas frases con los pronombres de CD y CI necesarios.**

a. ● ¿A quién podemos darle estos zapatos?
○ *Se* *los* puedes dar a Julia. Seguro que le encantan.

b. ● Marisa, ¿me puedes dejar el libro de Lengua?
○ Claro, ahora .... doy.

c. Tu hermana ha olvidado las gafas de sol. ¿Por qué no .... llevas tú?

d. ¡Qué bonita te ha quedado la pulsera! ¿ .... has enseñado a Roberto?

e. ● Leo, ¿le has devuelto la camiseta a Andrés?
○ Sí, ... devolví ayer.

f. ● Profe, ¿nos pones el vídeo de la Catrina otra vez?
○ Vale, ahora .... pongo.

¿QUÉ ME PONGO?

1. **Lee el texto y responde oralmente.**

Si cada vez que abres tu armario te preguntas "¿Qué me pongo?", necesitas una renovación total. No se trata de comprar más, solo necesitas organizar lo que ya tienes.

Tienes que sacar todo, ABSOLUTAMENTE TODO lo que tienes en tu armario, incluyendo zapatos, accesorios y ropa interior. Ahora empieza a organizarlo por categorías (camisetas, jerséis, pantalones...) y también por temporada (los bañadores junto a los pantalones cortos, los abrigos con las bufandas...), y, mientras haces eso, clasifica cada prenda:

- ¿No la usas por lo menos una vez al año? ¿No? ¡Entonces, adiós!
- Prendas sucias o rotas. Una mancha o una rasgadura sin solución, ¡jamás!

Si decides donar o tirar las prendas, ponlas en bolsas. No dejes pasar más de una semana para entregarlas a su destino.

Adaptado de Naye Cerón, *El viento me despeina*

a. ¿Qué propone hacer Naye para organizar tu ropa?

b. ¿Qué criterios sugiere para saber qué ropa no tienes que usar más?

MIS PALABRAS

- los pantalones
- la falda
- el vestido
- la camiseta
- el jersey / el suéter
- los zapatos
- el abrigo
- la bufanda
- los guantes
- la ropa interior

Mis palabras, p. 56

2. **¿Y TÚ? ¿Te parece un buen consejo "No se trata de comprar más, solo necesitas organizar lo que ya tienes"? ¿Tú lo haces? Escribe tu opinión en tu cuaderno.**

PENSAMIENTO CRÍTICO

3. **Raúl ha decidido dar algunas prendas que no usa. Escribe frases como la del ejemplo.**

La camiseta verde se la da a...

....

....

¡HOLA! OLÁ!

Se la doy a mi hermano.

~~Se la doy para mi hermano.~~

Lección 2

ESTILO PERSONAL

1. **Observa estas tres fotos. Describe qué ropa lleva cada uno y cómo son sus estilos.**

extravagante | original | sencillo | cómodo | clásico | moderno | elegante | deportivo

2

1

3

- *Me parece que el chico de la foto 1 tiene un estilo...*

2. **Escucha las entrevistas y escribe en la actividad 1 los nombres de cada persona. ¿Cómo definen su estilo?** (7-9)

3. **¿Y TÚ? ¿Cómo es tu estilo? Comenta tu opinión con otra persona de la clase (puedes inspirarte en las siguientes).**

- *Para mí, la moda no es importante.*
- *Mi ropa transmite un estilo de vida.*
- *Yo llevo ropa práctica, pero original.*
- *Prefiero llevar prendas anchas y cómodas.*
- *Me gustan los colores fuertes.*
- *Normalmente llevo colores suaves y claros.*

4. **Busca la foto de alguien famoso y describe cómo viste.**

MIS PALABRAS

los vaqueros / los jeans 

la gorra 

las botas 

las zapatillas de deporte 

las medias 

la sudadera 

largo/a ≠ corto/a

ancho/a ≠ ajustado/a

liso/a

a rayas

fucsia 

lila 

rosa 

morado 

Mis palabras, pp. **56**, **57**

MI GRAMÁTICA

QUERER + INFINITIVO

Quiero expresar que soy diferente.

Mi gramática, p. **51**

MIS PALABRAS

estar de moda

forma de vestir

tener un estilo deportivo / clásico...

Mis palabras, p. **56**

Lección 2 · Mi gramática

NECESITAR + NOMBRE / INFINITIVO, QUERER + NOMBRE / INFINITIVO

necesitar
- + nombre → *Necesito otros zapatos. Estos están muy viejos.*
- + infinitivo → *Necesito comprarme otros zapatos. Estos están muy viejos.*

querer
- + nombre → *Quiero otros zapatos. Estos no me gustan.*
- + infinitivo → *Quiero comprarme otros zapatos. Estos no me gustan.*

¡HOLA! OLÁ!

Cuando usamos **querer** + infinitivo, los pronombres se pueden situar antes de **querer** o después del infinitivo. Nunca entre los dos.

Qué bonitas botas, me las quiero comprar / quiero comprármelas.

~~Quiero me las comprar.~~

Ocurre lo mismo en otros casos, como cuando usamos **estar** + gerundio.

Te están llamando. / Están llamándote.

~~Están te llamando.~~

1. **Completa estas frases.**

a. Estoy cansado. (NECESITAR) .... dormir más.

b. Para la clase de yoga, (NECESITAR, NOSOTROS) .... pantalones cortos y zapatillas de deporte.

c. Este año Manuel (QUERER) .... hacer un curso de español en México.

d. Para mi cumpleaños, mis padres (QUERER) .... llevarme a un sitio especial.

e. Me encantan estos pendientes. Me los (QUERER) .... comprar.

f. Martina, ¿qué (NECESITAR) .... para hacer el pastel de manzana?

g. Este año (QUERER, YO) .... aprender a tocar un instrumento.

2. **Completa estas frases con la forma adecuada de querer + infinitivo y los pronombres correspondientes. Siempre hay dos maneras de hacerlo.**

a. Mario necesita una gorra y (QUERER + COMPRARSE) *quiere comprársela* / *se la quiere comprar* hoy.

b. A Marta le gusta el abrigo de Susana y (QUERER + PEDIR) .... / ....

c. Ya no uso estas camisas; (QUERER + DAR) .... / .... a mi hermano.

d. Me encantan estos zapatos; (QUERER + PONERSE); .... / ....

e. Mi hermano no comparte su ropa conmigo; nunca (QUERER + DEJAR); .... / ....

Lección 3

ESTE ME ENCANTA

1. **Lee las viñetas. Fíjate en quién usa este, esta, estos y estas y en quién usa ese, esa, esos y esas. ¿Entiendes por qué?**

MI GRAMÁTICA

LOS DEMOSTRATIVOS

este / esta / estos / estas
ese / esa / esos / esas

Mi gramática, p. **54**

MI GRAMÁTICA

LOS INTERROGATIVOS

cuál / cuáles
cuánto / cuánta / cuántos / cuántas

Mi gramática, p. **55**

2. **Completa el esquema con las palabras en negrita de la actividad 1.**

	CERCA DE QUIEN HABLA	CERCA DE QUIEN ESCUCHA
MASCULINO SINGULAR →		
MASCULINO PLURAL →		
FEMENINO SINGULAR →		
FEMENINO PLURAL →		

3. **Observa la escena entre Mariana y Carlos. Escribe el máximo de preguntas que se pueden estar haciendo. Usa diferentes interrogativos: cuánto/a/os/as, qué, cómo, cuál/es, dónde, etc.**

¿ME PUEDO PROBAR ESA CAMISETA?

1. **Escucha a María y a su amigo Rubén y responde.**

a. ¿Qué problema tiene Rubén? ....

....

....

b. ¿Qué le propone María? ....

....

....

c. ¿Qué ropa quiere comprar Rubén? ....

....

....

2. **Escucha y completa los diálogos.**

a

- ¿ ______ **esa** camiseta?
- ¿**Cuál**, **esta**? Sí, toma.
- Gracias.
- De nada.

b

- **Esta** falda me encanta. ¿ ______ ?
- Lo siento, **esa** solo la tengo en lila y en negro.
- Vale. ¿ ______ la negra?

c

- Me los llevo. ¿ ______ ?
- 5 euros. Por 8 euros te llevas dos.

d

- ¿ ______ ?
- Te queda un poco grande. ¿De qué talla es?

COMPARTIMOS EL MUNDO

El Rastro es un mercadillo muy conocido de Madrid con más de 400 años de historia. Se instala todos los domingos y días festivos en el barrio de La Latina.

¿En tu ciudad también se celebran mercadillos? ¿Qué se vende normalmente?

MIS PALABRAS

llevar (ropa)

llevar**se** algo = comprar algo en una tienda

....

¿Me queda bien?

¿Cuánto cuesta/n?

¿Me puedo probar...?

¿Me puede enseñar...?

Me lo / la / los / las llevo (= lo / la / los / las compro)

Mis palabras, p. **56**

EL JUEGO DE COMPRAR EN PAREJAS. Cada estudiante busca un objeto que va a ofrecer. Todo el mundo forma un gran círculo y, por turnos, muestra su objeto a la persona que tiene en frente (esta responde afirmativamente y decide comprarlo). Quien usa correctamente los demostrativos y los pronombres gana un punto.

¿Te gusta este reloj?

¿Ese reloj? Sí, me encanta, me lo quedo.

Lección 3 · Mi gramática

LOS DEMOSTRATIVOS

	MASCULINO	FEMENINO	NEUTRO
CERCA DE QUIEN HABLA →	est**e** / est**os**	est**a** / est**as**	est**o**
CERCA DE QUIEN ESCUCHA →	es**e** / es**os**	es**a** / es**as**	es**o**
LEJOS DE LOS DOS →	es**e** / es**os** aquel / aquell**os**	es**a** / es**as** aquell**a** / aquell**as**	es**o** aquell**o**

Los demostrativos sirven para situar algo en el espacio:

- *¿Cómo se dice esto en español?*
- *Falda.*

Y en el tiempo:

Esta semana he hecho seis pulseras.

1. **Completa los demostrativos con la terminación adecuada.**

a. ¿Me puedo probar es*a*...... falda?

b. Est...... jersey, ¿lo tiene en negro?

c. ¿Est...... guantes son tuyos?

d. Est...... no es mi libro. El mío es aqu...... .

2. **Lee los diálogos y elige la opción adecuada.**

ANA: ¿Qué es **eso** de allí?
PAULA: ¿**Esto** negro? Es mi estuche.

a. El estuche está lejos de... → Ana. [x] → Paula. [ ]

ANA: **Este** libro me encanta. Lo he leído dos veces.
PAULA: Pues a mí no me gustó.

b. El libro lo tiene... → Ana. [ ] → Paula. [ ]

ANA: **Esa** blusa de ahí me gusta mucho.
PAULA: ¿Cuál?, ¿**esta**? Sí, es muy original.

c. La blusa está cerca de... → Ana. [ ] → Paula. [ ]

ANA: ¿Te gusta **este** jersey, Paula?
PAULA: Sí, es precioso. ¿Dónde lo has comprado?

d. El jersey lo lleva puesto... → Ana. [ ] → Paula. [ ]

LOS INTERROGATIVOS

¿Dónde...?	→ *¿Dónde has comprado esa falda tan bonita?*
¿Qué...?	→ *¿Qué te vas a poner para la fiesta?*
¿Cuándo...?	→ *¿Cuándo es tu cumpleaños?*
¿Quién/es...?	→ *¿Quiénes son tus compañeras?*
¿Cuál/es...?	→ *¿Cuáles son tus guantes?*
¿Cuánto/a/os/as...?	→ *¿Cuántos pantalones llevas?*
¿Por qué...?	→ *¿Por qué quieres ir al mercadillo?*

Usamos **por qué** para preguntar por una causa.
Usamos **porque** para introducir una causa.
- ● *¿Por qué llevas un abrigo y unos guantes en la maleta?*
- ○ *Porque queremos ir a esquiar.*

3. **Subraya la opción adecuada.**

a. ¿**Por qué / Porque** quieres comprar ropa? Tienes mucha.

b. Le he comprado unos pendientes a mi madre **por qué / porque** es su cumpleaños y le encantan las joyas.

c. ● ¿**Por qué / Porque** miras este tutorial?
○ **Por qué / Porque** quiero hacerle una pulsera a mi hermana.

d. ● ¿**Por qué / Porque** llevas siempre la cámara de fotos?
○ **Por qué / Porque** me gusta mucho hacer fotos por la calle.

4. **Completa estas preguntas con cuánto/a/os/as, cuándo o cuál/es.
Después, relaciónalas con las respuestas.**

a. ¿ *Cuántos* habitantes tiene Ciudad de México? [5]
b. ¿........ es la capital de México? [ ]
c. ¿........ lenguas se hablan en México? [ ]
d. ¿........ se celebra el Día de Muertos? [ ]
e. ¿........ es la comida que se vende en las taquerías? [ ]

1. El 1 de noviembre.
2. Los tacos.
3. Ciudad de México.
4. 69: el español y 68 lenguas indígenas.
5. Casi 9 millones.

Mis palabras

LA ROPA

LAS PRENDAS

 la camiseta

 la camisa

 los pantalones

 los vaqueros / los jeans

 la falda

 la blusa

 el vestido

 el abrigo

 el jersey / el suéter

 la sudadera

 los calcetines / las medias

 las medias

 la ropa interior

 los zapatos

 las zapatillas de deporte

 las botas

LA DESCRIPCIÓN

 ancho/a ≠ ajustado/a 

 corto/a ≠ largo/a 

 limpio/a ≠ sucio/a 

 liso/a

 a rayas

 roto/a

EXPRESIONES ÚTILES

¿Me puede enseñar...?

¿Me puedo probar...?

¿Cuánto cuesta/n...?

¿De qué talla es?

¿Tiene otro/a más...?

Me lo / la / los / las llevo.

Llevas un jersey muy bonito.

¿Me queda bien?

te queda → grande ≠ pequeño(a)

te queda → bien ≠ mal

A. ¿LO TIENES CLARO?

1. **Traduce al español las siguientes frases.**

a. Eu dou o casaco para o meu irmão, porque fica pequeno em mim.

....

b. Gosto muito deste moletom. Vou levar.

....

c. Acho que o seu irmão está te chamando.

....

d. A tela do meu computador é muito grande.

....

LOS ACCESORIOS

- el sombrero
- la bufanda
- la gorra
- el gorro

las joyas → la pulsera, el collar, los pendientes

la trenza

¡El de la piscina también se dice gorro!

EL ESTILO

- moderno/a
- deportivo/a
- elegante
- extravagante
- sencillo/a
- cómodo/a
- clásico/a
- original

LAS MANUALIDADES

LAS INSTRUCCIONES

- decorar
- pegar
- cortar
- secar
- poner
- doblar

LOS MATERIALES Y LOS OBJETOS

- la goma
- el plástico
- la tela
- la lana
- el papel
- la madera
- el cartón
- el pegamento
- la pintura
- las tijeras

LOS COLORES

blanco/a	azul	marrón	fucsia	morado/a
negro/a	verde	gris	lila	
rojo/a	amarillo/a	naranja	rosa	

B. LA ROPA

2. **¿Quién es quién? Relaciona las descripciones con los dibujos correspondientes.**

   a. Lleva una falda azul. ☐

   b. Lleva varias pulseras de colores. ☐

   c. Lleva una blusa azul y unos zapatos grises. ☐

   d. Lleva unos pantalones negros y un sombrero muy grande. ☐

   e. Lleva una camiseta roja y unos pantalones marrones. ☐

   f. Lleva un collar muy bonito. ☐

PENSAMIENTO CREATIVO

¡Crea tu mapa mental! Clasifica la ropa según lo que tienes y lo que no tienes en tu armario. Añade fotos o dibujos para ilustrar las palabras más difíciles para ti.

LA HERENCIA INDÍGENA

En México, una parte muy importante de la población pertenece a pueblos originarios –anteriores a la llegada de los europeos– o desciende de ellos. Su herencia permanece viva en las lenguas habladas en todo el país y en muchas tradiciones, costumbres y rasgos culturales mexicanos. Además, gracias a esta herencia, la artesanía mexicana tiene fama mundial por su riqueza, variedad y autenticidad.

EL ARTE HUICHOL

Tiene orígenes muy antiguos, de cuando los chamanes creaban figuras de dioses y animales sagrados. Los huicholes viven en el oeste de México y se distinguen por su ropa colorida, sus sombreros con plumas y sus pulseras, anillos y collares de cuentas de cristal.

Cabeza de puma hecha con cuentas de colores ↓

↑ Papel amate

EL PAPEL AMATE O AMATL

En el estado de Puebla, los habitantes de origen otomí elaboran papel artesanal con la corteza de un árbol. En él dibujan o recortan figuras que representan personajes de sus leyendas y de su mundo.

Por Guadalupe,
corresponsal
desde Ciudad
de México.

LOS ÁRBOLES DE LA VIDA

Son esculturas de barro originarias de Metepec que representan el árbol sagrado, símbolo de la vida. En la época colonial se usaban para enseñar la Biblia. Actualmente, pueden mostrar cualquier aspecto de la vida.

Árbol de la vida sobre el tema de la artesanía, de Óscar Soteno ⇢

CONOCEMOS CIUDAD DE MÉXICO

↑ *Ciudad de México*, expedia.mx

ACTIVIDADES

1. **Lee los textos de *La Ventana* y responde.**
   - **a.** ¿Por qué la artesanía de México es tan conocida en el mundo?
   - **b.** ¿Qué representaban antiguamente los huicholes con su artesanía?
   - **c.** ¿Para qué servían los árboles de la vida?
   - **d.** ¿Cuál de las tres formas de artesanía te gusta más? ¿Por qué?

2. **Ve el vídeo y responde.**
   - **a.** ¿Qué formas de arte se pueden encontrar en las calles de Ciudad de México?
   - **b.** ¿De qué museos hablan en el vídeo? ¿Cuál te gustaría visitar? ¿Por qué?

¡ERES PERIODISTA!

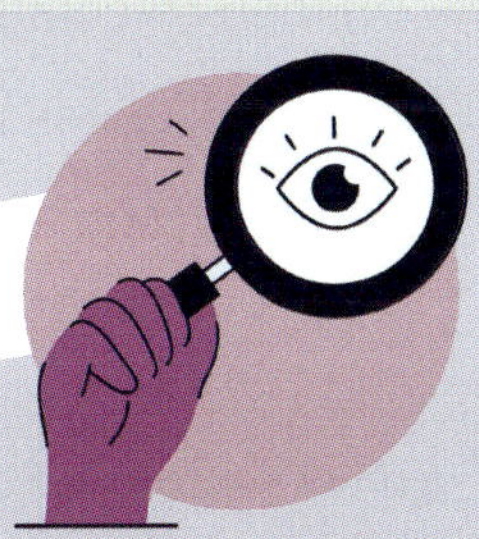

Vas a investigar sobre un sombrero muy típico de México.

1. **Escribe en un buscador de internet "sombrero de charro".**
2. **Toma nota de estos datos:**
   - región de origen,
   - materiales con los que se fabrica,
   - para qué se utilizaba originalmente,
   - quién lo utiliza en la actualidad.
3. **Busca imágenes de diferentes sombreros de charro.**
4. **Crea un póster con tus notas y las imágenes que has encontrado.**

Textos creativos (calaveras literarias)

PENSAMIENTO CRÍTICO

1. **Lee estos textos. ¿Te parecen de humor o de miedo? Coméntalo con tus compañeros/as.**

1

La Calavera en la tienda
mira una falda y se pone un collar.
Piensa mucho, pero nada compra
porque a la dependienta se quiere llevar.

2

Los muertos caminan felices,
llevan su alegría a todas partes.
Hoy festejan su día en México
y la ciudad es una obra de arte.

3

En un cementerio tocaba una orquesta,
pues todos los muertos andaban de fiesta.
Las damas con falda, los hombres de negro,
llevaban corbata con saco* y sombrero.

4

La muerte artesana tiene pinturas,
tijeras, pegamento y cartón.
Hoy, te hace una tarjeta a mano.
Mañana, te toca el corazón.

*__Chaqueta__ en Hispanoamérica

↑ *El Día de Muertos*. Cuento mexicano para niños. Guiainfantil.com

2. **Vuelve a leer las calaveras literarias y comenta estas preguntas con tus compañeros/as.**
   - **a.** ¿Qué tema comparten los cuatro textos? ¿Qué otros elementos tienen en común?
   - **b.** ¿Qué palabras riman en cada texto?
   - **c.** Elige una de las calaveras literarias y cuenta cuántas sílabas tiene cada verso.

3. **En los textos, las calaveras tienen conductas humanas, como comprar, caminar, hacer fiestas o manualidades. En tu opinión, ¿por qué es así?**

4. **Investiga en internet cuándo y por qué se escriben calaveras literarias en México.**

5. **Ahora, haz la minipráctica.**

MINIPRÁCTICA **TEXTOS CREATIVOS (CALAVERAS LITERARIAS)**

En parejas, vamos a hacer un concurso de calaveras literarias en clase.

Una vez terminadas, las presentamos y elegimos por votación las mejores.

Para elegirlas, tenemos en cuenta los siguientes criterios:

- La creatividad
- El humor
- Los dibujos o imágenes
- La rima

ESTRATEGIAS

- **Piensa** en una situación en la que la muerte podría estar presente (pero **recuerda** que el texto debe ser alegre).
- **Usa** el vocabulario de la unidad.
- **Busca** un diccionario de rimas en internet.
- **Usa** colores vivos y **haz** un dibujo para ilustrar tu texto.

Taller de lengua

CREO UN VIDEOTUTORIAL

PENSAMIENTO CREATIVO

Me preparo

1. Vas a hacer un **videotutorial** para crear algo. Elige lo que te gustaría fabricar: una camiseta pintada, un objeto para decorar tu habitación...

Lo creo

2. Haz una **lista de materiales** y escribe un **guion** con los pasos. Usa los pronombres de CD.

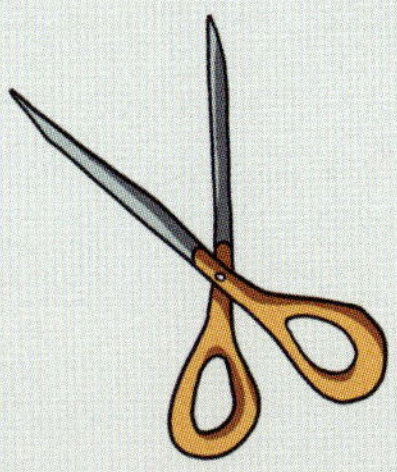

Lo presento

3. Prepara el material que necesitas y **ensaya**. **Graba tu vídeo** y enséñalo en clase o súbelo al blog o a la web de tu centro.

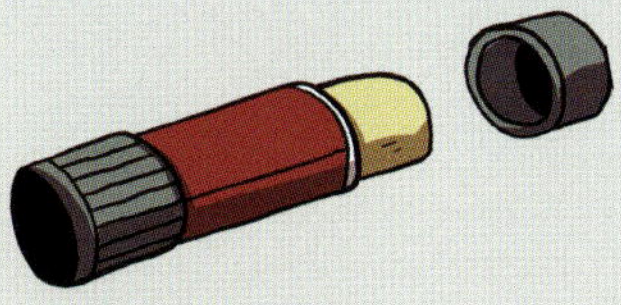

Alternativa no digital
Creamos un póster con imágenes e instrucciones.

ACTIVIDADES COMUNICATIVAS DE LA LENGUA

EXPRESIÓN E INTERACCIÓN ESCRITAS

1. **Lee el post de la tienda de segunda mano Roperos y di qué puedes comprar en ella.**

Roperos

Roperos es una tienda de segunda mano en Ciudad de México. Puedes encontrar ropa y accesorios baratos en excelentes condiciones. ¿Qué necesitas? Escríbenos para más información.

2. **Imagina que eres un/a estudiante en Ciudad de México y necesitas comprar ropa.**

   a. **Escribe un mensaje para la tienda respondiendo a estas preguntas:**

   - ¿Qué quieres comprar?
   - ¿Cuál es tu talla?
   - ¿Qué color o estilo te gusta?

   b. **Incluye también preguntas con la información que necesitas saber (ubicación de la tienda, precios...).**

😄💖🙃😌🤭💯😫😱🤪💕🔥🙂🤗💔😩

Responder a Roperos

....

....

....

....

....

....

....

....

....

....

....

PRUEBA 1. COMPRENSIÓN DE LECTURA

TAREA 3 DELE B1 (=TAREA 2 DELE A2/B1 PARA ESCOLARES)

INSTRUCCIONES

Vas a leer tres textos en los que unos jóvenes hispanos cuentan su experiencia como estudiantes en un país extranjero. Relaciona las frases (1-6) con los textos (A, B o C).

Marca las opciones elegidas en la Hoja de respuestas.

	A. ALICIA	B. BRUNO	C. CAYO
1. Vivió con una familia durante un semestre			
2. A su llegada fueron a darle la bienvenida			
3. Se quedó menos tiempo por el clima			
4. El viaje le dio algo de miedo			
5. Le encantaba hacer compras			
6. Viajó a otros lugares del país			

A. ALICIA (CHILE)

Yo estuve en Nueva Orleans para estudiar inglés. Me fui a pasar un verano y viví en una casa antigua, superbonita. Todavía guardo las fotos. Tenía unos vecinos con los que practicaba el idioma. Me acogieron muy bien desde el principio, eran como mi familia. Pero la ciudad está en el sur de los EE. UU. y la temperatura nunca bajaba de los 34 grados, incluso de noche. Yo soy de los Andes y, la verdad, pasaba el día comiendo helados en los centros comerciales solo por el aire acondicionado. Me daba pánico pasear por la calle con esa humedad y esas temperaturas. Al final, decidí volver a Chile sin terminar el curso.

B. BRUNO (COSTA RICA)

Estudiar en otro país fue una experiencia estupenda. Sonrío siempre que pienso en aquellos seis meses en Canadá. En el avión me asusté un poco porque hubo una tormenta muy fuerte, pero en el aeropuerto ya estaban esperándome mis compañeros de piso: eran encantadores y me ayudaron mucho durante mi estancia allí. Además, como yo quería conocerlo todo, fui unos días con ellos a Vancouver y Calgary, sus ciudades de origen, a las casas de sus familias. Tuve suerte, pero... al frío me costó acostumbrarme. Llegué a Montreal en septiembre y a la mañana siguiente salí de compras. Necesitaba bufanda, guantes, gorro, botas... Todavía tengo un abrigo azul que compré aquel día.

C. CAYO (URUGUAY)

Recuerdo mi época de estudiante en Italia con mucho cariño. Me dijeron que la gente del norte era fría, pero a mí me pareció maravillosa. Viví medio año en Milán con los Marcusi, unos amigos de mis tíos a los que habían conocido en un viaje por el Mediterráneo el verano anterior. Tenían una hija más joven que yo. No tuve problemas con la comida ni el idioma. Tampoco con el clima, pero gasté mucho dinero. A mí siempre me ha gustado mucho vestir bien y allí la moda es increíble (... y también el precio). Ver aquellos trajes preciosos en los escaparates no me parecía bastante. Quería ponérmelos, así que tuve que trabajar como dependiente en una panadería para pagarlos.

SOMOS CIUDADANOS

DIVERSIDAD EN LA MODA

PENSAMIENTO CRÍTICO

1. **Reflexiona. ¿Qué imagen tienes de las personas que se dedican a la moda?**

2. **Lee el artículo y responde.**

   a. ¿Qué es la London Fashion Week?

   b. ¿Desde cuándo Isabella siente pasión por la moda?

   c. ¿Por qué Isabella no pudo estudiar en la universidad? ¿Dónde estudió?

   d. ¿Qué es lo que ha ayudado siempre a Isabella?

LA DISEÑADORA CON SÍNDROME DE DOWN QUE REVOLUCIONA LA MODA

Se llama Isabella Springmühl, nació en Guatemala en 1996 y es la única diseñadora con síndrome de Down que ha mostrado sus prendas en la London Fashion Week, uno de los eventos de moda más importantes del mundo.

"De pequeña pasaba horas con las revistas de moda", dice su madre. "Tenía como 16 muñecas de trapo y me pedía que le comprara tela que luego cortaba y, con alfileres, iba haciéndoles vestidos".

Hoy, Isabella está viviendo un sueño. Un sueño que parecía imposible cuando no le permitieron entrar en la Universidad Nacional. Pero ni ella ni su familia se dieron por vencidos e Isabella entró poco después en una escuela especializada en diseño.

Gracias al estímulo de su familia y a su gran fuerza de voluntad, la carrera de Isabella no para de crecer. Tiene su propia marca y un blog en el que muestra sus creaciones y habla de moda.

Adaptado de *Clarín*

3. **Opina. ¿Crees que la gente con algún tipo de discapacidad tiene las mismas oportunidades que los/as demás? ¿Por qué?**

4. **Actúa. ¿Conoces otros casos de personas que, a pesar de sus discapacidades, hayan podido cumplir sus sueños? Crea con tu compañero/a un eslogan sobre la igualdad de oportunidades.**

Cuaderno de ejercicios

1. **Imagina que quieres vender un objeto.**
Escribe un anuncio para el tablón de tu escuela.

Vendo ....

Material: *Es de...* ....

Descripción: *Es...* ....

....

Uso: *Ideal para...* ....

....

Lo / La / Los / Las tengo desde... ....

Interesados/as, contactad con ....

2. **Observa estas imágenes y escribe las instrucciones con tus palabras.**
Puedes utilizar estas palabras u otras.

las pinturas · el rollo de cartón · cortar · dejar secar · pegar · la bola de unicel · el papel de colores · las flores de papel · pintar · decorar

1

Primero, *cortamos el rollo de cartón.*

2

Luego, ...

3

Después, ...

4

El paso siguiente es ....

5

Mientras, ...

6

Y, para terminar, ...

Cuaderno de ejercicios

3. **Escribe objetos que suelen ser de estos materiales.** Los materiales y los objetos, p. 57

a. Objetos de papel: *un libro,* ....

b. Objetos de cartón: ....

c. Objetos de tela: ....

d. Objetos de lana: ....

e. Objetos de madera: ....

f. Objetos de plástico: ....

4. **Responde a estas preguntas con un pronombre de CD.**

a. ¿Dónde guardas tu camiseta favorita? *La guardo en...*

b. ¿Dónde haces los deberes? ....

c. ¿Dónde tomas la merienda? ....

d. ¿Dónde tienes tu libro de Español? ....

e. ¿Cuándo ves a tus amigos? ....

f. ¿Dónde compras la ropa? ....

5. **Escribe para qué propósitos originales algunas personas usan estos objetos.**

1 el pijama

Mucha gente lo usa para estar en casa.

2 las botellas de plástico

....

3 la tableta

....

4 los bolígrafos

....

5 los cepillos de dientes

....

6 las cucharas

....

7 las sillas

....

8 las conchas de mar

....

9 el móvil

....

6. **Completa las frases con los pronombres de CI necesarios.** Los pronombres de CI p. 48

me | te | le | nos | os | les

a. ● Mañana es el cumpleaños de mi hermano.
o ¿Por qué no .... compras una sudadera?

b. ● ¿Te vas ya?
o Sí, es que .... quiero llevar unos libros a mis padres.

c. ● ¿Cómo me queda esta camiseta?
o .... queda muy bien.

d. ● ¿Por qué no llevas nunca este suéter a clase?
o Porque .... queda mal.

e. ● No tenemos lápices de colores para dibujar.
o Yo .... puedo dar mis lápices si queréis.

f. ● Tengo mucha ropa que no uso. ¿Qué puedo hacer?
o .... puedes regalar a mi hermano y a mí la ropa de nuestra talla.

7. **Completa las frases con los pronombres de CI y CD necesarios.**
La combinación de pronombres de CI y CD, p. 48

a. ¿Puedes decir*le* a tu profesora que quiero ver*la* mañana?

b. Este jersey (CI + CD) .... puedes dar a tu hermano pequeño.

c. ¿Te gusta mi bufanda? (CI + CD) .... ha regalado María.
(CD) .... ha hecho ella.

d. ¿Estos pantalones que llevas (CI + CD) .... ha comprado tu tía Cristina?

8. **Imagina que una tía lejana te ha dejado en herencia estas cosas.**
¿Cuáles te quedas? ¿Cuáles regalas? ¿A quién? ¿Por qué? La combinación de pronombres de CI y CD, p. 48

a

b

c

d

e

a. La televisión *se la regalo a...* .... *, porque...* ....

b. El piano ....

c. La pulsera ....

d. El perro ....

e. La casa en la playa ....

Cuaderno de ejercicios

9. **Completa los diálogos con las siguientes palabras.** Los demostrativos, p. 54

esta (2) | estos | este | estas | ese | esos | esas | esa

10. **Subraya la forma correcta en cada caso.** La ropa, p. 56

- ● ¿Qué camiseta **llevo / me llevo**? Me gustan las dos. ¿A ti cuál te gusta más?
- ○ La azul. Te queda muy bien con los pantalones que **llevas / te llevas** puestos hoy.

- ● ¿Qué camisa **pongo / me pongo** para la fiesta?
- ○ A ver, si quieres, puedes **poner / ponerte** todas encima de la cama y lo decidimos juntos.

11. **Completa la conversación entre Manuela y la dependienta.** Comprar ropa, p. 56

¿lo tienes en otro color? | ¿Cuánto cuesta? | ¿Qué talla necesitas? | ¿Qué tal te queda? | me lo llevo. | ~~¿me puedo probar este abrigo?~~

- ● Hola, *¿me puedo probar este abrigo?*
- ○ Sí, claro. ....
- ● Una mediana.
- ○ Mira, este es de tu talla.
- ● Gracias.

(Un momento después)

Perdona, ...
- ○ Lo siento, solo lo tengo en amarillo.

(Un momento después)

- ○ ....
- ● Bien, me gusta. ....
- ○ 60 euros.
- ● Vale, pues ....

12. Completa las frases con este/a/os/as. Los demostrativos, p. 54

a. ¿Te gustan .... pendientes?

b. .... pantalones son muy caros.

c. Mira .... zapatos. Son originales, ¿no?

d. Necesito unas botas para ir de excursión a la montaña, pero solo hay .... y no me gustan nada.

e. ¿Cuánto cuestan .... zapatillas de deporte?

f. ¿Tienen .... falda en otro color?

g. ¿Puedo probarme .... vestido?

h. .... abrigo te queda muy bien.

13. Indica a qué palabra pueden referirse estos demostrativos. Los demostrativos, p. 54

a. Este

☐ camisa ☐ jersey ☐ botas ☐ guantes

b. Estos

☐ calcetines ☐ falda ☐ abrigo ☐ camiseta

c. Estas

☐ pendientes ☐ collar ☐ medias ☐ vestido

d. Esta

☐ zapatos ☐ falda ☐ botas ☐ sombrero

14. Completa las frases con el interrogativo adecuado. Los interrogativos, p. 55

cuál | cuánto | dónde | qué | ~~cuáles~~

a. ¿ *Cuáles* te gustan más? ¿Los zapatos rojos o los negros?

b. ¿.................... cuestan las gafas de sol?

c. ¿.................... te llevas? ¿La falda roja o la verde?

d. ¿.................... compraste ese vestido? ¡Es precioso!

e. ¿.................... me pongo para la fiesta? ¿Este vestido o este pantalón con esta camiseta?

15. Subraya la forma correcta en cada caso. Los interrogativos, p. 55

a. Esta noche Rodolfo y yo vamos al cine, ¿**por qué** / **porque** no vienes con nosotros?

b. A Maite le encantan el arte y la literatura **por qué** / **porque** es muy creativa.

c. No me gusta nada el fútbol **por qué** / **porque** me aburro enseguida.

d. ¿**Por qué** / **Porque** quería hablar contigo la profe de Mates?

e. No puedes llevar zapatillas de deporte **por qué** / **porque** es una fiesta elegante.

Cuaderno de ejercicios

16. **Completa las frases con el pronombre adecuado.** Los pronombres de CI, p. 48

~~me~~ te le (x2) nos les (x2)

a. ● Carla, ¿ *me* prestas tu bicicleta? Quiero pasear por el parque.
○ No puedo, la tiene mi hermana, pero .... presto la patineta si quieres.

b. Mis hermanos y yo siempre .... compramos un regalo a mi abuela por su cumpleaños.

c. Mi hermana .... hace la compra a los vecinos del 5.º porque son muy mayores.

d. ● ¿A ustedes .... molestan los ruidos por la noche?
○ Sí, a nosotros .... molestan mucho.

e. Cuando Montse va a visitar a su familia a Barcelona, yo .... cuido a la tortuga.

17. **Completa las frases con qué o cuál/es.** Los interrogativos, p. 55

a. ● ¿*Qué* prefieres? ¿El verano o el invierno?
○ Yo, el invierno.

b. ● ¿........................ te gustan más? ¿Los helados o las tartas?
○ ¡Los helados!
● Y ¿........................ es tu sabor favorito? ¿Limón o chocolate?
○ Limón.

c. ● Me encantan estas gafas.
○ ¿........................? ¿Las azules?
● Sí, esas.

18. **Completa las descripciones de estos modelos.** Las prendas, p. 56

a

b

c

Almudena lleva *un abrigo rojo* ....
....
....
....

Carlota lleva ....
....
....
....

Roberto lleva ....
....
....
....

19. **Escribe el nombre de ocho prendas de vestir que tienes en tu armario.** Las prendas, p. 56

a. *Una camiseta de rayas rojas y blancas.*
b. ……………
c. ……………
d. ……………
e. ……………
f. ……………
g. ……………
h. ……………

20. **Completa las frases con adjetivos para hablar de estilos de vestir.** Las prendas, p. 56

extravagante | cómodo/a | ~~sencillo/a~~ | elegante | deportivo/a

a. Yo visto de una forma muy *sencilla*, no me complico porque no me interesa la moda.
b. Lady Gaga tiene un estilo ……………, quiere expresar que no es como los demás.
c. En cualquier estilo, la ropa tiene que ser ……………. Es importante estar a gusto con ella.
d. Para la boda de mi tío tengo que ponerme ropa …………… y no tengo nada.
e. Últimamente Esteban ha cambiado de estilo, ahora va muy ……………, con gorras, sudaderas y zapatillas de deporte.

21. **Escribe en tu cuaderno cinco preguntas para tus compañeros/as sobre su ropa o su estilo usando los interrogativos.** Los interrogativos, p. 55

cuál/es | cuánto/a/os/as | dónde | qué | cuándo | quién/es

a. ……………
b. ……………
c. ……………
d. ……………
e. ……………

UNIDAD 3
Ficciones

- ¿Qué genero de ficción es más popular en tu generación (aventuras, ciencia ficción, terror...?
- ¿Crees que en el lugar en el que vives se protege la naturaleza?

En esta unidad nos habla Carolina desde Cartagena de Indias (Colombia).

LECCIÓN 1

Hablo de... libros y doy mi opinión sobre ellos.

- Los géneros narrativos
- Valorar novelas y otros tipos de obras
- Organizadores del discurso
- La frase relativa: **que**, **donde**

LECCIÓN 2

Hablo de... anécdotas.

- Expresiones para reaccionar ante anécdotas: **¿en serio?**
- El realismo mágico
- **Pasar**, **pasarle**, **pasarlo**
- El pretérito indefinido y el pretérito imperfecto
- **Estar** en imperfecto + gerundio

LECCIÓN 3

Hablo de... leyendas e invento una.

- Las leyendas
- La naturaleza
- Conectores temporales: **al**, **cuando**, **mientras**

Taller de lengua Hacemos una presentación original de una leyenda precolombina.

LA VENTANA (PERIÓDICO DIGITAL): Hablamos de tres civilizaciones precolombinas.

GÉNEROS TEXTUALES Y ESTRATEGIAS: Leyendas urbanas.

ACTIVIDADES COMUNICATIVAS: Comprensión audiovisual.

ESPACIO DELE: Expresión e interacción escritas.

SOMOS CIUDADANOS: Reflexionamos sobre el plástico en la sociedad y sus consecuencias.

Colombia: 1. Edificios coloniales. 2. Distrito histórico. 3. *Skyline* del distrito de Bocagrande. 4. Puerta y torre del reloj.

EN MARCHA

1. Lee **el chat y** responde.

a. ¿Qué le pasa a Adrián?

Está triste. ☐ Está aburrido. ☐ Está cansado. ☐

b. ¿Qué le recomienda Carolina? ....

c. ¿Crees que le va a hacer caso? ¿Por qué? ....

....

2. Escucha **la entrevista a Carolina.** Completa **las frases.**

12

a. A Carolina le gustan mucho las novelas
- de amor. ☐
- de miedo. ☐
- de fantasía. ☐

b. Su .... le contaba leyendas cuando era pequeña.

c. Algunas leyendas
- le daban miedo. ☐
- no le gustaban nada. ☐
- eran tristes. ☐

Adrián
Hola, ¿qué hacéis?
Yo hoy no sé qué hacer. 17:30

Carolina
¿Por qué no lees un buen libro? 17:33

Adrián
No me apetece leer... 17:34

Carolina
Pues yo te recomiendo uno que me encantó: *Crónica de una muerte anunciada*. Es de Gabriel García Márquez. 17:36

Guadalupe
Ah, yo lo leí el año pasado. ¡Buenísimo! 17:38

Adrián
¿De qué trata? 17:42

Carolina
Si te lo cuento, no tiene gracia. ¡Léelo y hablamos! 17:45

¿SABÍAS QUE...?

Las calles y las casas de Cartagena de Indias muestran su pasado colonial. Esta ciudad fue uno de los principales puertos de América durante la colonización española y hoy todavía conserva muchos elementos de esa época.

Lección 1

¿QUÉ HISTORIAS CAPTAN TU ATENCIÓN?

1. Di cuál es el último libro que has leído o la última película que has visto. Explica si te gustó o no.

- *El último libro que he leído es...*
  Me gustó porque es entretenido...

2. En parejas, hacemos el test. ¿Qué libro te recomienda? ¿Crees que te puede gustar? Explica por qué.

- *El test me recomienda una novela de...*
  Creo que me puede gustar porque...

¡HOLA! OLÁ!

una novela: *um livro*

una telenovela: *uma novela*

MIS PALABRAS

hace reír ≠ hace llorar
es entretenido/a ≠ es aburrido/a
engancha
es bueno/a ≠ es malo/a
una novela / una película
- de ciencia ficción
- de terror
- de detectives
- de amor
- de humor
- fantástica

Mis palabras, pp. **84**, **85**

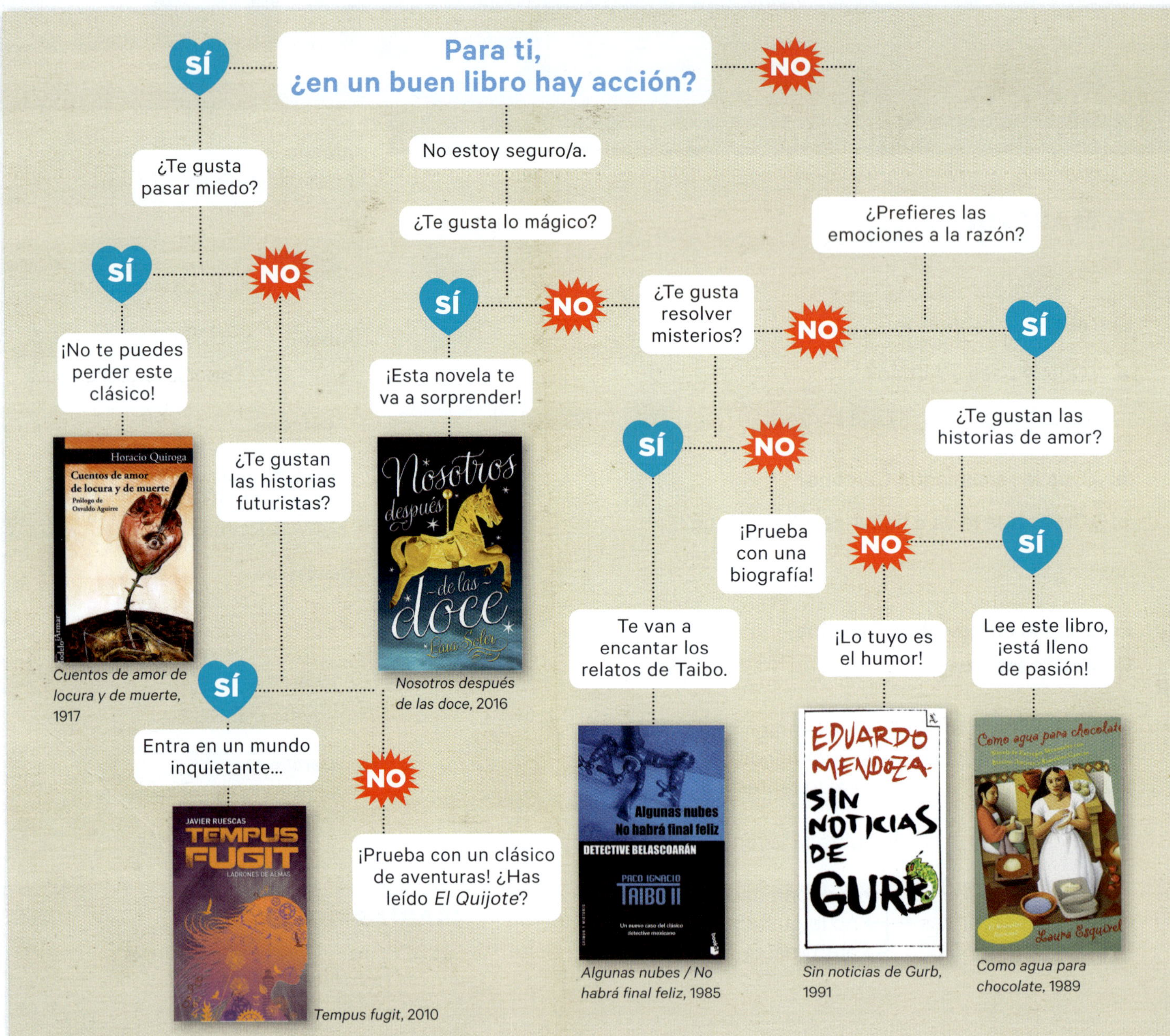

3. En grupos, creamos un test como este para recomendar series o películas.

¿CULTURA EN LAS REDES SOCIALES?

1. Ve **el vídeo de Sebastián.** Completa **la ficha.**

Sebastián García Mouret, *El coleccionista de Mundos*

Título: ....

Autor: ....

Personaje principal: ....

Breve descripción del personaje: ....

....

Temas de los que trata: ....

....

2. Ordena **esta reseña sobre el *Quijote*.**
Las palabras destacadas pueden ayudarte.

- Al final, Sancho acaba contagiándose del idealismo de don Quijote y don Quijote, de la visión realista de Sancho. ☐
- Un día, decide salir como un caballero andante para luchar contra las injusticias y se hace llamar don Quijote. ☐
- En resumen, el *Quijote* es un libro que engancha y que no puedes dejar de leer hasta el final. ☐
- Se cuentan las aventuras de Alonso Quijano, un hombre mayor que leía demasiadas novelas de caballerías. 1
- Lo acompaña Sancho Panza, un vecino que ve el mundo de una manera más realista. ☐

EL JUEGO DE LOS TÍTULOS. Cada estudiante crea una tarjeta con la descripción de un libro, una película o una serie, y tres respuestas posibles. Se juntan todas las tarjetas. Por turnos, cada persona de la clase saca una tarjeta e intenta encontrar la respuesta correcta.

Es una serie española que habla de un robo.
a. *Originales*
b. *La casa de papel*
c. *Sabrina*

Es una serie española que habla de un robo: La casa de papel.

COMPARTIMOS EL MUNDO

En el mundo hispano hay varios *booktubers* que tienen muchos seguidores en las redes sociales.

¿Y TÚ? **¿Conoces *influencers*? ¿Sigues sus recomendaciones? ¿Cuál crees que es su objetivo?**

MIS PALABRAS

la reseña
volverse loco/a
estar cuerdo/a

¡HOLA! OLÁ!

En español existen diferentes verbos de cambio de estado.

ponerse contento: *ficar contente*

volverse loca: *ficar louca*

Haz tu propia lista para recordarlos.

MI GRAMÁTICA

ORGANIZADORES DEL DISCURSO

PARA EMPEZAR
Un día don Quijote decide ir a viajar.

PARA ACABAR
Al final, cambia su visión del mundo.

En resumen, es un libro que engancha.

Mi gramática, p. 76

MI GRAMÁTICA

LA FRASE RELATIVA

Alonso era un hombre **que** leía muchas novelas.

Mi gramática, p. 76

Lección 1 · Mi gramática

ORGANIZADORES DEL DISCURSO

1. Para empezar

un día , **una vez**

2. Para añadir información

entonces , **luego**

(poco) después , **de repente**

3. Para expresar causa o consecuencia

como → *Como era sábado, se levantó tarde.*

así que → *Era sábado, así que se levantó tarde.*

4. Para acabar

al final , **en resumen**

1. **Completa el texto con estos organizadores del discurso: de repente, un día, al final, en resumen, entonces, como. Hay uno que sobra.**

Un día apareció en la clase un sombrero misterioso. Lo enseñaron a todos/as los/as profesores/as y estudiantes del instituto, pero nadie sabía de quién era. ______, vino la policía y empezó a analizarlo mientras todo el mundo observaba atentamente. ______, del interior del sombrero, salió un animal pequeño y peludo y todo el mundo se asustó. ______ no encontraban al / a la propietario/a, dejaron el sombrero en la escuela. ______, los/as estudiantes descubrieron que el sombrero era del mago del pueblo y que el animal era su conejo de la suerte.

LA FRASE RELATIVA

que →	Se refiere a una cosa o una persona que se ha mencionado antes.	→ *El libro que me regalaste es buenísimo.*
donde →	Se refiere a un lugar que se ha mencionado antes.	→ *Vamos al pueblo donde vive mi abuela.*

2. **Escribe en tu cuaderno una sola frase con que o donde.**

a. José vive en un pueblo. / En el pueblo no hay escuela.
José vive en un pueblo donde no hay escuela.

b. El martes compré un libro. / El libro ahora está en la estantería.
....

c. Colombia es un país tropical. / En Colombia hay muchas especies de animales salvajes.
....

d. Ayer vimos una película en el cine. / La película nos encantó.
....

e. La semana pasada encontramos un gato. / El gato estaba perdido.
....

f. Mi prima tiene una casa preciosa. / La casa está delante de la playa.
....

¡QUÉ FUERTE!

1. **Escucha los diálogos.**
Responde a estas preguntas.

13

a. ¿Quién pasó vergüenza? *La chica del diálogo...*
b. ¿Quién pasó miedo? ....
c. ¿A quién le pasó algo extraño? ....

2. **Lee estos fragmentos de los diálogos anteriores.**
Clasifica en el esquema las reacciones destacadas.

ANA: Pues que me fijé en el chico y era... ¡Sebastián!
RAQUEL: Nooo. **¿Sebastián? ¿El chico que te gusta?**

CARLOS: La bici no tocaba el suelo... sino que ¡volaba!
JAVIER: **¡Qué fuerte!**

DANIEL: Sí, lo pasé fatal, creía que iba a ahogarme.
ROCÍO: **¿Y qué hiciste?**

a. Pide más información. → [ ]
b. Repite una parte. → [ ]
c. Expresa un sentimiento. → [ ]

3. **Escucha la anécdota de Sandra.**
Completa el esquema.

14

1 ¿Dónde estaba? *En la calle.*	¿Qué pasó? ....
2 ¿Qué estaba haciendo?	¿Qué hizo? ....
3 ¿Cómo se sentía?	¿Qué pasó al final? ....

4. **Piensa en una anécdota (real o inventada) y haz un esquema como el de la actividad anterior. Cuéntasela a un/a compañero/a. Él / Ella debe reaccionar.**

- *¿Sabes qué me pasó una vez?*
- *No, ¿qué?*

MI GRAMÁTICA

PASAR (ALGO)
¿Qué **pasó**?

PASARLE (ALGO A ALGUIEN)
¿Sabes qué me **pasó** ayer?

PASARLO + ADVERBIO
¡Lo **pasé** genial!

PASAR (= TENER)
¿**Pasaste** miedo?

Mi gramática, p. 79

MIS PALABRAS

una vez
un día
total, que

¡Qué fuerte!
¿En serio?
¿De verdad?

Mis palabras, p. 85

MI GRAMÁTICA

ESTAR EN IMPERFECTO + GERUNDIO
Como **estaba lloviendo**, decidí quedarme en casa.

Mi gramática, p. 80

Lección 2

EL REALISMO MÁGICO

1. **Lee el fragmento.**
Responde a las preguntas.

PENSAMIENTO CRÍTICO

CIEN AÑOS DE SOLEDAD cuenta la historia de diez generaciones de la familia Buendía. José Arcadio Buendía es el fundador de la familia y un personaje clave de la novela.

Entonces entraron al cuarto de José Arcadio Buendía, lo sacudieron con todas sus fuerzas, le gritaron al oído, le pusieron un espejo frente a las fosas nasales, pero no pudieron despertarlo. Poco después, cuando el carpintero le tomaba las medidas para el ataúd, vieron a través de la ventana que estaba cayendo una llovizna de minúsculas flores amarillas. Cayeron toda la noche sobre el pueblo en una tormenta silenciosa, y cubrieron los techos. Tantas flores cayeron del cielo, que las calles amanecieron tapizadas de una colcha compacta, y tuvieron que despejarlas con palas y rastrillos para que pudiera pasar el entierro.

↑ Gabriel García Márquez, *Cien años de soledad* (1967)

a. ¿Por qué no pudieron despertar a José Arcadio Buendía? ....

....

b. ¿Qué elementos del texto te parecen realistas? ....

....

c. ¿Cuáles te parecen mágicos? ¿Por qué? ....

....

....

¿SABÍAS QUE...?

El realismo mágico es un movimiento literario nacido en América Latina que se caracteriza por mostrar lo mágico o irreal como algo cotidiano o normal. El colombiano Gabriel García Márquez (Gabo) es su autor más importante.

MI GRAMÁTICA

ORGANIZADORES DEL DISCURSO

Entonces entraron al cuarto.

Poco después vieron la lluvia de flores.

Mi gramática, p. **76**

MIS PALABRAS

el techo
el copo de nieve
romper
el cristal

¡HOLA! OLÁ!

copos de nieve: *flocos de neve*

un vaso de leche: *um copo de leite*

2. **Marca los finales que te llevan a imaginar escenas mágicas.**

a. Del cielo caían copos de nieve...
- [ ] como pelotas de tenis.
- [ ] blancos y ligeros.

b. Los pájaros cantaban tan fuerte...
- [ ] que me dio dolor de cabeza.
- [ ] que se rompieron los cristales.

c. Hacía mucho calor, por eso...
- [ ] se derritieron los coches.
- [ ] no podíamos dormir.

EL AMARILLO ERA EL COLOR DE GABO.

↑ VV. AA., *Gabo, memorias de una vida mágica* (2014)

Lección 2 · Mi gramática

SIGNIFICADOS Y USOS DEL VERBO PASAR

pasar	+	algo	→ *¿Qué pasó ayer en clase? El profesor está enfadado.*
pasarle	+	algo a alguien	→ *Manuel tiene una pierna rota. ¿Sabes qué le pasó?*
pasar	+	vergüenza, miedo...	→ *Pasé mucho miedo. ¡Creía que había un ladrón en mi casa!*
pasarlo*	+	bien, mal, genial...	→ *El lunes fuimos a una fiesta. ¡Lo pasamos genial!*

* En muchos países se dice **pasarla bien / mal**.

1. Relaciona las preguntas con sus respuestas.

a. ● ¿Qué pasó en el partido de ayer? [4]
b. ● ¿Lo pasaste bien en la excursión? [ ]
c. ● ¿Qué le pasó a Sofía? [ ]
d. ● ¿Pasaste miedo en la película? [ ]

1. ○ Sí, ¡genial!
2. ○ Se cayó por las escaleras.
3. ○ No, nada. Era muy mala.
4. ○ ¡Ganamos 2 a 0!

2. Escribe en tu idioma las preguntas de la actividad 1.

a. ....
b. ....
c. ....
d. ....

PRETÉRITO INDEFINIDO Y PRETÉRITO IMPERFECTO

En español, usamos **el pretérito indefinido** para narrar una historia o un hecho que situamos en el pasado. Con este tiempo presentamos una acción pasada y terminada.

Miguel de Cervantes nació en Alcalá de Henares.
Ayer estuve en el parque con las chicas.

En las narraciones, el pretérito indefinido se combina frecuentemente con el imperfecto.
El pretérito imperfecto describe situaciones o circunstancias relacionadas con la acción principal.

Estaba en casa haciendo los deberes y, de repente, llamaron a la puerta.

3. Conjuga los verbos en el tiempo pasado correcto.

Cuando yo (SER) .... pequeño, siempre (IR) .... al colegio en autobús. Un día, el autobús no (APARECER) .... y (TENER) .... que andar 5 kilómetros. Al llegar al colegio, (VER) .... que (ESTAR) .... cerrado. Como (SER) .... muy raro, (LLAMAR) .... a un amigo, que con voz enfadada me (DECIR) ....: "¡Es el primer día de vacaciones!". Al final, (VOLVER) .... a mi casa andando de nuevo. Cuando (LLEGAR) ...., me (PREPARAR) .... un buen desayuno. Me lo (COMER) .... en la cocina. Luego, como (ESTAR) .... de vacaciones, me (SENTAR) .... en el sofá y (LEER) .... un rato.

Lección 2 · Mi gramática

4. **Conjuga los verbos en el tiempo pasado correcto.**

En el pueblo de Vilabuin nunca (PASAR) *pasaba* nada. Pero, una noche, cuando todos (ESTAR) .... ya en sus camas, se escuchó un ruido extraño. Entonces, todos los habitantes (SALIR) .... rápidamente de sus casas para ver qué pasaba. De repente, (VER) .... un tren muy largo que (VOLAR) .... por el cielo. El tren (LLEVAR) .... cestas enormes llenas de flores que hacían mucho ruido cuando (CAER) .... al suelo.

Gonzalo Endara, pintor colombiano, *El tren volador* (1970)

5. **Inventa en tu cuaderno un final para la historia de la actividad anterior. Luego, preséntala en clase. ¿Quién ha escrito el final más original?**

ESTAR EN IMPERFECTO + GERUNDIO

estar (en imperfecto) + gerundio → Para describir una acción en curso en el pasado.

Ayer a esta hora estaba lloviendo.
Cuando llegué, todo el mundo estaba trabajando.

6. **Están investigando la desaparición de un gato. ¿Qué estaban haciendo estas personas a la hora del suceso? Mira las imágenes y completa el informe.**

Sita

Miguel

Luis

Andrés

Sofía

Sita *estaba hablando por teléfono en su habitación.*
Miguel ....
Luis ....
Andrés ....
Sofía ....

CUENTA LA LEYENDA…

1. **Lee esta leyenda colombiana.**
¿Qué explica?

el origen de una ciudad ☐ | una tradición ☐
el origen de la humanidad ☐ | el origen de un lago ☐

PENSAMIENTO CRÍTICO

Cuenta la leyenda que, hace muchos años, salió de la laguna sagrada de Iguaque, en Colombia, una mujer llamada Bachué. Junto a ella, caminaba un niño pequeño de unos tres años de edad, al que le daba la mano.

Bachué y el niño bajaron de la montaña y, al llegar al valle, construyeron una casa. Cuando el niño se hizo hombre, se casó con Bachué. El matrimonio tuvo muchos hijos y pobló la Tierra poco a poco.

Cuando pasaron muchos años, Bachué y su esposo decidieron volver a la laguna, pues vieron que la Tierra ya estaba muy poblada. Mientras Bachué y su esposo volvían al lugar de donde habían salido, sus hijos los acompañaban muy tristes.

Al llegar a la laguna, Bachué habló a sus hijos y les dijo: "Mantengan la paz entre ustedes y vivan en armonía con la naturaleza". Con lágrimas en los ojos, Bachué tomó la mano de su esposo y se dirigió hacia el agua. En cuanto pisaron la laguna, los dos se convirtieron en dos serpientes enormes que se sumergieron en el fondo y desaparecieron.

2. **Completa las frases sobre la leyenda.**

a. Al salir de la laguna, Bachué y el niño *bajaron de la montaña y construyeron una casa.*

b. Cuando el niño se hizo mayor ....

c. Al pisar el agua de la laguna, Bachué y su esposo ....

MI GRAMÁTICA

CONECTORES TEMPORALES

Al llegar al valle, construyó una casa.

Cuando el niño **se hizo** hombre, se casó con Bachué.

Mi gramática, p. **83**

¡HOLA! OLÁ!

mientras: *enquanto*

en cuanto: *assim que*

así que: *por isso*

3. **En parejas, buscamos la historia de Spiderman. La contamos con estas palabras (u otras). Si lo preferimos, podemos contar otra historia.**

vivir con sus tíos | luchar contra el mal | picadura
araña radioactiva | tener poderes | chico huérfano

MIS PALABRAS

el dios / la diosa

Mis palabras, p. **85**

Lección 3

LA NATURALEZA DE COLOMBIA

1. **Observa la foto y lee la cita.**
¿Por qué dicen que el río es una "imagen mágica" para un turista?

PENSAMIENTO CRÍTICO

> "Lo que para nosotros puede resultar normal, como los cinco colores del río Caño Cristales, para un turista es una imagen mágica".
>
> **María Claudia Lacouture, exministra de Comercio, Industria y Turismo de Colombia**

Fotografía de Mario Carvajal, *Caño Cristales* (2012), www.cano-cristales.com

¿SABÍAS QUE...?

En el río Caño Cristales viven varias especies de algas que dan al agua un color muy especial. Por eso también es llamado "el río de los cinco colores" o "el arcoíris que se derritió".

2. **Ve el tráiler de *Colombia, magia salvaje*.**
Escribe dos cosas mágicas que puedes ver en Colombia.

VÍDEO 7

Tráiler de *Colombia, magia salvaje* (2015)

En Colombia puedes ver lagos misteriosos, ...

....

....

¡HOLA! ¡OLÁ!

Algunas palabras que son muy parecidas en español y en portugués se diferencian en la sílaba tónica.

la magia: *a magia*

la atmósfera: *a atmosfera*

Crea tu propia lista de palabras.

3. **Fíjate en el título del vídeo.**
¿Te parece apropiado? ¿Por qué?

4. **En parejas, inventamos y escribimos una leyenda para explicar el origen de Caño Cristales con este título: *El río donde el arcoíris se derritió.***

Lección 3 · Mi gramática

CONECTORES TEMPORALES

al	+	infinitivo
cuando	+	pretérito indefinido

Al llegar a casa, encendí la tele.
= *Cuando llegué a casa, encendí la tele.*

mientras	+	pretérito imperfecto
cuando	+	pretérito imperfecto

Mientras volvía a su casa, vio a un hombre misterioso.

Cuando volvía a su casa, vio a un hombre misterioso.

1. **Conjuga estos verbos en el tiempo adecuado.**

llegar | preparar | ~~hablar~~ | entrar | sonar

a. Sara se sentía ridícula al ...*hablar*... español.
b. Mientras Alberto .... la cena, tuvo un presentimiento.
c. Cuando .... el timbre, terminaron las clases.
d. Al .... en casa, vi que no había nadie.
e. Cuando .... a la biblioteca, vieron que estaba cerrada.

2. **Completa las frases con al o cuando.**

a. ...*Al*... llegar a casa, los invitados a mi fiesta me estaban esperando.
b. .... llegué a casa, los invitados a mi fiesta me estaban esperando.
c. .... ver a tantos amigos, me puse muy contenta.
d. .... vi a tantos amigos, me puse muy contenta.

3. **Completa las frases con información sobre ti.**

a. Al llegar a casa, me gusta ....
b. Mientras estudio, me gusta ....
c. Cuando entré en mi colegio actual, ...
d. Cuando tenía 10 años, ...

Mis palabras

FICCIONES

GÉNEROS

una novela
una película
una serie

- de ciencia ficción 
- policíaca = de detectives 
- de amor = romántica 
- fantástica 
- de humor 
- de terror 

OBRAS

la película	la biografía
el corto(metraje)	el cómic
la serie	el poema
el documental	la novela
la obra de teatro	el cuento

Érase una vez...

LA NATURALEZA

 el río	 el arcoíris	 la mariposa
 la cascada	 la flor	 el ave
 la laguna	 el copo de nieve	 la serpiente

Es como un lago, pero más pequeño.

¡HOLA! OLÁ!

A. ¿LO TIENES CLARO?

1. **Traduce al español las siguientes frases.**

a. Minha irmã adora livros de terror.

....

b. Dom Quixote ficou louco de tanto ler.

....

c. Fiquei muito contente quando vi a Maria na festa.

....

d. Todas as manhãs, enquanto espero o Carlos, eu bebo um copo de leite.

....

LA VALORACIÓN

- es buenísimo/a ≠ malísimo/a
- es divertido/a ≠ aburrido/a
- hace reír ≠ hace llorar
- es entretenido
- engancha

¡Es un rollo!

EL ARGUMENTO

- Cuenta la historia de...
- Narra las aventuras de...
- Trata de...

EL MITO / LA HISTORIA

- la leyenda
- el dios / la diosa

Cuenta la leyenda...

ANÉCDOTAS

CONTAR

- ¿Sabes qué me pasó?
- ¡No te lo vas a creer!
- Total, que...

- Una vez
- Un día

REACCIONAR

- ¡Qué fuerte!
- ¡Qué miedo!
- ¡Qué vergüenza!
- ¿De verdad?
- ¿En serio?
- ¿Qué pasó luego?
- ¿Qué hiciste?

B. LA VALORACIÓN

2. **Escribe si estos comentarios son positivos o negativos.**

a. Es una película muy divertida. ⟶ *Positivo.*

b. Es una serie que engancha. ⟶ ______

c. Es un libro que hace reír. ⟶ ______

d. Es una película aburrida. ⟶ ______

e. Es un documental muy entretenido. ⟶ ______

PENSAMIENTO CREATIVO

¡Crea tu mapa mental! Escribe las palabras de la unidad que te interesan y piensa en tus libros, películas o series favoritos y en alguna leyenda que conozcas. Si quieres, añade fotos y dibujos.

TRES CIVILIZACIONES PRECOLOMBINAS: SABIDURÍA Y MITOS

LOS MUISCAS

Los muiscas fueron seguramente la cultura precolombina más importante de Colombia. Eran grandes productores de esmeraldas, sal y cobre y comerciaban con pueblos del sur, que les vendían oro. Son, además, el origen de la famosa leyenda de El Dorado.

A principios del siglo XVI, su población era de cerca de un millón y su territorio estaba cubierto por una red de caminos. Los muiscas pagaban impuestos, tenían códigos de conducta equiparables a leyes, un sistema de redistribución de la riqueza y una lengua común. Sus dioses principales eran Sua (el Sol) y Chía (la Luna).

↑ Museo del Oro, barca (Bogotá)

↑ Museo del Oro, pectoral (Bogotá)

LOS MAYAS

La civilización maya floreció en la región que hoy comprende Guatemala, Belice y gran parte de México, así como algunas áreas de Honduras y El Salvador. Su influencia se extendió desde aproximadamente el 2000 a. C. hasta el siglo XVI, y alcanzaron su máximo esplendor durante el período Clásico, del año 250 al 900.

Los mayas tenían grandes conocimientos de astronomía y matemáticas que les permitieron elaborar calendarios muy precisos. Actualmente se conservan varias pirámides que se utilizaban como santuarios y observatorios astronómicos.

Según su mitología, los dioses crearon a los hombres a partir del maíz. Los mayas jugaban al juego de pelota de forma ritual; con él simbolizaban la vida y la muerte.

↑ Juego de pelota maya en la ciudad de Guatemala

Por Carolina, corresponsal desde Cartagena de Indias.

Celebración del Inti Raymi en Cusco, Perú

LOS INCAS

El Imperio inca se desarrolló en la región que hoy abarca Perú, Bolivia y áreas de Ecuador, Chile, Argentina y Colombia. Su dominio se extendió desde aproximadamente el siglo XIII hasta el XVI, y alcanzaron su auge bajo el reinado de Pachacútec en el siglo XV.

El emperador de los incas, llamado Inca, vivía en la ciudad sagrada de Cusco (Perú) y era considerado hijo del Sol. Lo adoraban como a un dios, así como también adoraban al Sol (Inti), a la Luna (Mama Quilla) y a la Tierra (Pachamama). En honor de Inti, en el solsticio de verano se celebraba el Inti Raymi, una fiesta que actualmente se sigue celebrando para recordar aquella ceremonia.

VISITAMOS CARTAGENA DE INDIAS

Rubén Alonso, *Cartagena City Tour Colombia*

ACTIVIDADES

1. **¿En qué aspectos los muiscas tenían una organización parecida a la de un Estado moderno?**
2. **¿Por qué los mayas pudieron elaborar calendarios precisos?**
3. **Para los incas, ¿qué importancia tenía el emperador?**
4. **¿En qué se parecen las religiones de los muiscas y de los incas?**
5. **Ve el vídeo y responde.**
   a. ¿Por qué era importante Cartagena durante la época colonial?

   ....

   ....

   b. ¿Qué aspecto de la ciudad destacó la Unesco?

   ....

   ....

   ....

¡ERES PERIODISTA!

Vas a crear una presentación digital de una civilización precolombina.

1. **Busca en internet más información sobre una de las civilizaciones de esta página: religión, costumbres, juegos, alimentación, monumentos, etc.**
2. **Escribe la información más importante en diapositivas.**
3. **Añade dibujos o fotos para ilustrar las diapositivas.**

Géneros textuales Y ESTRATEGIAS

Relatos orales (leyendas urbanas)

PENSAMIENTO CRÍTICO

1. Lee esta leyenda relatada por un guía turístico en Cartagena y responde a las siguientes preguntas.

Acá, en la calle Don Sancho, vivía hace muchos años un cura que se guardaba todo su dinero. Soñaba con comprarse muchas tierras, pero se murió joven y nadie sabe qué sucedió con su dinero ni si alguien se quedó con su herencia. Dicen que todos los domingos, a medianoche, su fantasma vaga sin cabeza por esta calle buscando su tesoro.

¿SABÍAS QUE...?
La calle Don Sancho, en Cartagena (Colombia), es famosa por ser el escenario de muchas leyendas urbanas de miedo.

a. ¿Por qué vuelve el cura al mismo lugar cada domingo?

b. ¿Cómo crees que era ese cura? Defínelo con una palabra.

2. Clasifica la leyenda del cura de la calle don Sancho.

a. Tipo: ☐ de miedo ☐ de ciencia ficción ☐ de misterio

b. Tradición: ☐ escrita ☐ oral

c. Extensión: ☐ corta ☐ larga

3. Lee la leyenda de nuevo y comenta estas preguntas con tus compañeros/as.

a. ¿Crees que se basa en un hecho real?

b. ¿Se cuentan historias de miedo sobre algún lugar de tu ciudad? ¿Cuál?

c. ¿Quiénes suelen contar estas historias? ¿Con qué finalidad?

4. Ahora, **haz** la minipráctica.

MINIPRÁCTICA

RELATOS ORALES (LEYENDAS URBANAS)

Vamos a contar una leyenda urbana en clase. Pregunta a una persona cercana a ti si conoce alguna y pídele que te la cuente.

Si no encuentras a nadie que conozca una leyenda urbana sobre tu ciudad, investiga en internet.

Escribe la leyenda en español en tu cuaderno y luego preséntala en clase.

ESTRATEGIAS

- **Escucha** con atención y **toma** notas de los hechos más importantes de la historia.
- **Lee** tu historia varias veces en voz alta y **grábate**.
- **Escúchate** para mejorar tu pronunciación.
- **Apunta** algunas ideas clave para guiarte y **practica** para contar la historia sin leer.

Taller de lengua

DESCUBRIMOS LEYENDAS PRECOLOMBINAS

Nos preparamos

1. En parejas, **leemos la leyenda** precolombina que nos dará el / la profesor/a.

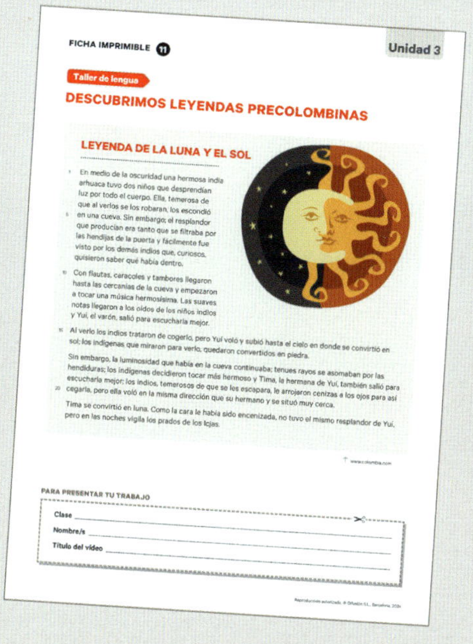

FICHA IMPRIMIBLE 11 — Unidad 3

Taller de lengua

DESCUBRIMOS LEYENDAS PRECOLOMBINAS

LEYENDA DE LA LUNA Y EL SOL

En medio de la oscuridad una hermosa india arhuaca tuvo dos niños que desprendían luz por todo el cuerpo. Ella, temerosa de que al verlos se los robaran, los escondió en una cueva. Sin embargo, el resplandor que producían era tanto que se filtraba por las hendijas de la puerta y fácilmente fue visto por los demás indios que, curiosos, quisieron saber qué había dentro.

Con flautas, caracoles y tambores llegaron hasta las cercanías de la cueva y empezaron a tocar una música hermosísima. Las suaves notas llegaron a los oídos de los niños indios y Yui, el varón, salió para escucharla mejor.

Al verlo los indios trataron de cogerlo, pero Yuí voló y subió hasta el cielo en donde se convirtió en sol; los indígenas que miraron para verlo, quedaron convertidos en piedra.

Sin embargo, la luminosidad que había en la cueva continuaba; tenues rayos se asomaban por las hendiduras; los indígenas decidieron tocar más hermoso y Tima, la hermana de Yuí, también salió para escucharla mejor; los indios, temerosos de que se les escapara, le arrojaron cenizas a los ojos para así cegarla, pero ella voló en la misma dirección que su hermano y se situó muy cerca.

Tima se convirtió en luna. Como la cara le había sido encenizada, no tuvo el mismo resplandor de Yuí, pero en las noches vigila los prados de los Icjas.

www.colombia.com

PARA PRESENTAR TU TRABAJO

Clase ______

Nombre/s ______

Título del vídeo ______

Lo creamos

2. Vamos a crear una **versión de la leyenda** en el formato que nos guste más: cómic, de presentación digital, cuento para niños, obra de teatro... Podemos usar fragmentos del texto.

Lo presentamos

3. **Exponemos o representamos** las distintas versiones en la clase. ¿Cuál es la más bonita? ¿Y la más original?

PENSAMIENTO CREATIVO

Alternativa digital

Grabamos la presentación en audio o en vídeo.

ACTIVIDADES COMUNICATIVAS DE LA LENGUA

COMPRENSIÓN AUDIOVISUAL

1. Ve este vídeo, en el que una *booktuber*, Isabel, recomienda dos libros. ¿Qué libro te interesa más a ti? ¿Por qué?

VÍDEO 9

2. Ahora, ve de nuevo el vídeo y completa la ficha de cada libro con la información.

1

a. Título: ....

b. Autor/a: ....

c. Género: ....

d. Personajes: ....

e. Temas de los que trata: ....

....

....

2

a. Título: ....

b. Autor/a: ....

c. Género: ....

d. Personajes: ....

e. Temas de los que trata: ....

....

....

3. ¿Por qué recomienda Isabel cada libro?

PRUEBA 3. EXPRESIÓN E INTERACCIÓN ESCRITAS

TAREA 2. OPCIÓN 1 DELE A2

INSTRUCCIONES

Escribe un texto sobre la última vez que fuiste al cine. Habla de:

- el título y el género de la película, cuándo fuiste y con quién;
- el argumento y los personajes de la película;
- tu opinión sobre la película: ¿qué te gustó más / menos?;
- qué hiciste después del cine;
- con qué frecuencia vas al cine, al teatro o a otros espectáculos: cuál prefieres y por qué.

Número de palabras recomendadas: entre 70 y 80.

TAREA 2. OPCIÓN 2 DELE A2 / B1 PARA ESCOLARES

INSTRUCCIONES

En el blog de tu instituto quieren publicar una lista de los libros y relatos (cuentos, leyendas...) preferidos por los/as estudiantes, como introducción a un concurso de relatos que van a organizar:

Redacta una entrada para el blog contando:

- cuál es tu libro o relato preferido y cuándo lo leíste / escuchaste;
- qué sabes del / de la autor/a del libro o del origen de ese relato;
- qué historia cuenta, en qué época la sitúa, quiénes son sus protagonistas;
- por qué es tu preferido y qué aprendiste de él;
- de qué / quién te gustaría escribir y por qué para el próximo concurso de relatos del blog.

Número de palabras recomendadas: entre 110 y 130.

NOTA: En esta tarea del A2 / B1 para escolares se pide escribir un texto más extenso y un poco más complejo que en el DELE A2.

Educación para el medio ambiente

SOMOS CIUDADANOS

LA INVASIÓN DEL PLÁSTICO

PENSAMIENTO CRÍTICO

1. **Reflexiona. ¿Cuántos objetos de plástico has utilizado hoy? ¿Qué has hecho con ellos después de usarlos?**

2. **Lee el artículo y responde.**

   a. ¿Qué forman los residuos de plástico en mares y océanos?

   b. ¿De dónde provienen los plásticos de los océanos?

   c. ¿Qué consecuencias negativas tiene esta basura en el mar?

   d. ¿Qué podemos hacer los/as ciudadanos/as para reducir el consumo de plástico?

¡SALVA EL MEDITERRÁNEO DE LA INVASIÓN DE PLÁSTICOS!

Los océanos están llenos de plásticos. Incluso se habla de una gran isla de plásticos en el Pacífico, pero no una isla sobre la que te puedes poner de pie, sino que es más bien una sopa de plásticos y microplásticos. También aquí en el Mediterráneo tenemos una isla de plásticos.

Y ¿de dónde vienen todos esos plásticos?
Me he dado cuenta de que desde que me levanto hasta que me acuesto estoy rodeada de plásticos: mi bote de champú, el gel de baño, la pasta de dientes... y sigo moviéndome por mi casa, saliendo a la calle y cada vez hay más cosas de plástico de un solo uso que están en mis manos solo unos segundos.

En los océanos, entran una media de ocho millones de toneladas de plástico cada año en todo el mundo. Esta gran cantidad de material plástico ahoga nuestros mares y pone en peligro la supervivencia de especies enteras, como tortugas, ballenas, peces y aves marinas. Llegan hasta ahí por el mal reciclado, por las corrientes de aire, por los ríos... más todo lo que nos olvidamos en la playa o en la costa.

Nuestra sociedad sigue aumentando, año a año, la producción y consumo de plásticos, y debemos hacer un cambio. Como ciudadanos y ciudadanas tenemos que pensar en alternativas al plástico: dejar de usar bolsas de plástico de un solo uso, no usar cubiertos ni vasos de plástico de usar y tirar, o no coger las pajitas para los refrescos. ¡Y reciclar!

↑ Celia Ojeda, Greenpeace

3. **Opina. ¿Crees que es posible cambiar esta situación? Justifica tu respuesta.**

4. **Actúa. Confecciona con tus compañeros/as una lista de cinco reglas para reducir los residuos de plástico.**

Cuaderno de ejercicios

1. **Lee los resúmenes de estas novelas. Relaciona cada novela con un género.**

a ~~novela de amor~~ b novela de detectives c novela fantástica

d novela de ciencia ficción e novela de humor f novela de terror

(1991)

☐ ***Sin noticias de Gurb***
Eduardo Mendoza
Un extraterrestre baja a la Tierra para buscar a un compañero desaparecido, Gurb, y describe sus experiencias entre los humanos en un diario personal. Los lectores no van a parar de reírse con este libro.

me gusta · comentarios

(2010)

☐ ***Tempus fugit***
Javier Ruescas
El cambio climático ha provocado graves problemas en el mundo del futuro. La sociedad está controlada por la empresa Tempus Fugit y unos adolescentes luchan para destapar sus mentiras.

me gusta · comentarios

(2016)

☐ ***Nosotros después de las doce***
Laia Soler
Aurora vive en un pueblo perdido en las montañas. Su abuelo tiene un carrusel con poderes mágicos que hace a la gente olvidar su pasado. Un reencuentro inesperado va a cambiar la vida de Aurora.

me gusta · comentarios

(1985)

☐ ***Algunas nubes. No habrá final feliz***
Ignacio Taibo
El detective Héctor Belascoarán debe resolver dos nuevos casos de asesinato que muestran la cara más oscura de Ciudad de México.

me gusta · comentarios

(1917)

☐ ***Cuentos de amor de locura y de muerte***
Horacio Quiroga
Una serie de historias aterradoras situadas en el entorno tropical de la provincia argentina de Misiones, con el amor, la locura y la muerte como protagonistas.

me gusta · comentarios

(1989)

a ***Como agua para chocolate***
Laura Esquivel
Tita y Pedro están enamorados desde que eran pequeños, pero su familia no acepta su relación. Tita descubre en la cocina una manera de transmitir su amor a Pedro secretamente.

me gusta · comentarios

2. **Piensa en un libro o una película que te gustó y otro/a que no te gustó. Escribe un comentario positivo y otro negativo para un foro en internet.**

3. **Completa la reseña con estas frases.** La frase relativa, p. 76

que empieza a ir a un instituto nuevo | ~~que engancha~~ | que están de actualidad | que tienen problemas | que se convierte en su mejor amiga

Cuando me veas es un libro *que engancha* desde el principio. Cuenta las aventuras de Tina Martínez, una adolescente muy tímida .... En el instituto, conoce a Salima El Halimi, una chica habladora y extrovertida .... Un día, Tina descubre que tiene un poder especial, la invisibilidad, y decide utilizarlo para ayudar a aquellos alumnos .... en el instituto. En el libro, se tratan temas como el acoso escolar o el racismo, ... en muchos centros escolares.

4. **Inventa dos finales para cada situación: uno realista y otro mágico.**

a. El profesor estaba dando una clase de Historia muy interesante...

Final realista: ....

Final mágico: ....

b. Después del partido, Sofía estaba tan cansada que...

Final realista: ....

Final mágico: ....

5. **Haz frases con estos elementos. Utiliza el relativo que.** La frase relativa, p. 76

a. Elena me regaló un boli. + No encuentro <u>el boli</u>.

No encuentro el boli *que me regaló Elena.*

b. El verano pasado Vicente leía un libro. + <u>El libro</u> era de ciencia ficción.

El libro ....

c. Anoche vimos un documental. + <u>El documental</u> me pareció muy interesante.

El documental ....

d. El año pasado tuve un compañero. + <u>Mi compañero</u> era argentino.

El compañero ....

e. La profesora nos leyó un fragmento de un libro. + <u>El fragmento</u> era del *Quijote*.

El fragmento del libro ....

f. Mi familia y yo adoptamos un perro. + <u>El perro</u> es un mastín.

El perro ....

6. **Completa las frases con que o donde.** La frase relativa, p. 76

a. Ayer vi a un vecino. + Mi vecino vive en el piso de arriba.
Ayer vi al vecino *que* vive en el piso de arriba.

b. Ayer estuve en un piso. + En ese piso vive mi vecino.
Ayer estuve en el piso .... vive mi vecino.

c. Mi madre trabaja en un hotel. + En su hotel se aloja gente famosa.
Mi madre trabaja en un hotel .... va gente famosa.

d. Mi madre trabaja en un hotel. + Su hotel está en la playa.
Mi madre trabaja en un hotel .... está en la playa.

e. Estudio guitarra en una escuela de música. + La escuela es muy grande.
La escuela de música .... estudio guitarra es muy grande.

f. En mi barrio hay una escuela de música. + La escuela es muy grande.
La escuela de música .... hay en mi barrio es muy grande.

g. Este verano visitamos un pueblo. + El pueblo está en Lugo.
El pueblo .... visitamos en verano está en Lugo.

h. Mis abuelos viven en un pueblo. + El pueblo está en Lugo.
El pueblo .... viven mis abuelos está en Lugo.

i. Este año estudio en un colegio nuevo. + El colegio nuevo está un poco lejos de mi casa.
Estudio en un colegio nuevo .... está un poco lejos de mi casa.

j. Ahora estudio en un colegio nuevo. + El colegio está un poco lejos de mi casa.
El colegio .... estudio ahora está un poco lejos de mi casa.

7. **Reescribe las frases con al o cuando.** Conectores temporales, p. 83

a. Al cumplir 18 años, Pablo se fue a Barcelona para estudiar Arquitectura.
Cuando *cumplió 18 años, Pablo se fue a Barcelona para estudiar Arquitectura.*

b. Al acabar la universidad, se fue a vivir a Colombia.
Cuando ....

c. Cuando llegó a Colombia, empezó a trabajar en una empresa.
Al ....

Cuaderno de ejercicios

8. **Completa las frases con al o cuando.** Conectores temporales, p. 83

a. ...*Al*... llegar a casa, los invitados a mi fiesta me estaban esperando.

b. .... llegué a casa, los invitados a mi fiesta me estaban esperando.

c. .... ver a tantos amigos, me puse muy contenta.

d. .... vi a tantos amigos, me puse muy contenta.

9. **Completa el texto de abajo con estas oraciones que describen las circunstancias.** Pretérito indefinido y pretérito imperfecto, p. 79

a. Nacho era un compañero de la escuela y nos llevábamos muy bien.

b. Había un libro nuevo de mi escritor favorito y quería comprarlo.

c. Era una película de acción y salían actores muy conocidos.

d. Yo estaba en casa aburrido y tenía ganas de hacer algo.

e. Quería usar esas dos horas extra para hacer unas compras.

f. Tenía hambre y necesitaba comer algo antes de hacer las compras.

Ayer llamé a Dani, mi mejor amigo. ..*d*... Decidimos encontrarnos a las cuatro de la tarde en el centro comercial para ir al cine. Por la tarde, yo llegué al centro comercial dos horas antes. .... Primero, fui a un restaurante y compré una hamburguesa. .... Luego, fui a la librería. .... Cuando salí de la librería, vi a Nacho. .... Llamé a Nacho y lo invité a venir al cine con nosotros. Cuando Dani llegó, los tres fuimos a ver la película. La película nos encantó. ....

10. **Elige la opción correcta en cada caso.** Pretérito indefinido y pretérito imperfecto, p. 79

Los estudiantes de mi escuela **fuimos / íbamos** de campamento a la montaña durante varios días. En la montaña, **hubo / había** un lago muy lindo, así que un día **decidimos / decidíamos** ir a visitarlo. Primero **nos bañamos / nos bañábamos** en el lago y luego **nos sentamos / nos sentábamos** a mirar el paisaje. De repente, **vimos / veíamos** a otro grupo de muchachos que **estuvieron / estaban** hablando tranquilamente al otro lado del lago. Entonces, mis compañeros y yo **fuimos / íbamos** a saludarlos y a hablar con ellos. Los muchachos **tuvieron / tenían** nuestra misma edad y también **estuvieron / estaban** en la montaña con su escuela.

11. **Completa las frases con estas palabras.**
Resume la anécdota en dos o tres frases. Significados y usos del verbo **pasar**, p. 79

lo pasé fatal | pasaste miedo | ~~qué me pasó~~ | qué pasó

- ○ ¿Sabes *qué me pasó* ayer por la noche?
- ● No, ¿qué?
- ○ Estaba solo en casa y, de repente, oí que alguien lloraba. Fui hasta el salón y no había nadie.
- ● ¿Y no ....?
- ○ Sí, muchísimo. .... hasta que vinieron mis padres.
- ● ¿Y .... al final?
- ○ Pues nada, que mi madre encontró debajo del sofá la muñeca llorona de mi hermana...
- ● ¡Qué bueno!
- ○ Sí, pero ahora tengo un poco de miedo cada vez que oigo llorar a la muñeca.

12. **Escoge la forma correcta en cada caso.** Pretérito indefinido y pretérito imperfecto, p. 79

Un día, mientras Tita **cocinó** / **cocinaba**, Pedro **entró** / **entraba** en la cocina. Pedro **quiso** / **quería** hablar con ella, pero su madre **estuvo** / **estaba** allí.
Al verlo, Tita **hizo** / **hacía** una taza de chocolate caliente y se la **dio** / **daba** a Pedro. **Fue** / **Era** la mejor taza de chocolate que había probado en su vida.

13. **Completa las frases con estar en imperfecto + gerundio.** **Estar** en imperfecto + gerundio, p. 80

a. Cuando salí de casa, (LLOVER) *estaba lloviendo*.
b. (LEER, YO) .... cuando mi hermano empezó a llorar.
c. Al llegar, vi que mis compañeros (HACER) .... un examen.
d. Y tú, ¿ayer qué (VER) .... en la tele con tanto interés?
e. Sara y yo (HABLAR) .... y el profesor nos llamó la atención.
f. Cuando Lucía entró, su abuela (DORMIR) .... en el sofá.
g. Al entrar en el salón, vieron que el gato (JUGAR) .... con el mando del televisor.

14. Completa el texto con estos organizadores del discurso. Los organizadores del discurso, p. 76

~~una tarde~~ | cuando | poco después | como | al final | de repente

Una tarde, Lola estaba sola en casa. Sus padres estaban fuera y, ... llovía mucho, sus amigos no quisieron ir hasta su casa. Estaba haciendo los deberes en el salón cuando, ..., oyó un ruido extraño en la otra parte de la casa. Tenía mucho miedo, pero, ..., se levantó y fue hasta la cocina. .... llegó allí, oyó un grito, "¡¡¡Sorpresa!!!", y vio a sus padres con una tarta enorme. Ella se puso muy contenta y, ..., vinieron algunos amigos y todos celebraron su fiesta de cumpleaños.

15. Relaciona los elementos para crear frases. Los organizadores del discurso, p. 76

- **a.** Estaba muy cansado [*2*]
- **b.** Como llegaba tarde, [ ]
- **c.** Me levanté temprano, [ ]
- **d.** Cuando llegué a casa, [ ]

1. así que tenía sueño.
2. y al final decidí irme a dormir.
3. preparé la comida.
4. tomé el autobús.

16. Escribe en tu cuaderno un relato con estas frases en el orden en el que están. Tienes que utilizar todos estos organizadores del discurso. Los organizadores del discurso, p. 76

entonces | un día | al final | así que

- Santiago tenía que estudiar mucho ese año.
- Sus padres no lo dejaban ir a clases de baile.
- A Santiago le gustaba mucho bailar.
- Vio un cartel de un concurso de baile.
- Decidió preparar una coreografía y participar.
- Santiago ganó el concurso.
- Sus padres lo apuntaron a una escuela de baile con la condición de aprobar el curso.

Santiago tenía que estudiar mucho ese año, así que sus padres no lo dejaban ir a clases de baile...

17. Un amigo te ha enviado este correo electrónico. Contéstale en tu cuaderno.

Asunto: **El último libro que he leído**

¡Hola!:

¿Qué tal estás? Yo estoy un poco triste porque he terminado ya el libro que estaba leyendo: *Historia de una gaviota y del gato que le enseñó a volar*, de Luis Sepúlveda. ¡Es buenísimo! Te lo recomiendo. Narra las aventuras de Zorbas, un gato negro que, un día, recibe la visita de una gaviota a punto de morir. La gaviota está manchada de petróleo por un vertido en el mar y le pide a Zorbas que críe a su polluelo. Cuando crece, Zorbas debe enseñarle a volar y no sabe cómo hacer; al final, lo consigue gracias a la ayuda de sus amigos.

¿Y tú? ¿Cuál es el último libro que has leído? ¿Te ha gustado?

Un abrazo,

Samuel

18. Lee el texto y responde a las preguntas.

EL ORIGEN DE UNA LEYENDA

La leyenda de El Dorado tuvo mucha relevancia para los conquistadores españoles, que llegaban a América con la intención de hacerse ricos. Durante años, diferentes conquistadores buscaron El Dorado, una ciudad legendaria donde había muchas riquezas, pero nunca tuvieron éxito.

Pero ¿existió realmente esta ciudad? Parece que la leyenda de El Dorado tiene su origen en una ceremonia de coronación del pueblo muisca que se realizaba en la laguna de Guatavita (Colombia).

a. ¿Por qué buscaban El Dorado los conquistadores españoles?

....

b. ¿Cuál es el origen de la leyenda? ....

....

¿SABÍAS QUE...?

El museo del Oro de Bogotá conserva diversas piezas de la época precolombina, como la balsa muisca, que recrea la ceremonia que dio origen a la leyenda de El Dorado.

UNIDAD 4

El mundo del mañana

- ¿Cómo te imaginas tu ciudad dentro de 50 años?
- ¿Sabes qué tipo de trabajo te gustaría hacer en el futuro?

En esta unidad nos habla Adrián desde Salamanca (España).

ESPAÑA

LECCIÓN 1

Hablo de... lo que pasará en el mundo del futuro.

- El futuro: el medio ambiente, la tecnología...
- Marcadores temporales: **dentro de**, **en**...
- Los conectores
- El futuro imperfecto
- Los indefinidos: **algún/a**, **nadie**...

LECCIÓN 2

Hablo de... estudios, profesiones y aptitudes.

- Las profesiones
- Las aptitudes
- El condicional

LECCIÓN 3

Hablo de... el mundo del trabajo.

- Las ofertas de trabajo
- Las entrevistas de trabajo
- El **se** impersonal
- El **si** condicional

Taller de lengua Presentamos una profesión que nos gustaría ejercer en el futuro.

LA VENTANA (PERIÓDICO DIGITAL): Hablamos del *Lazarillo de Tormes* y de la ciudad de Salamanca.

GÉNEROS TEXTUALES Y ESTRATEGIAS: La noticia.

ACTIVIDADES COMUNICATIVAS: Comprensión audiovisual e interacción oral.

ESPACIO DELE: Expresión e interacción escritas.

SOMOS CIUDADANOS: Conocemos una iniciativa de participación social.

Salamanca: 1. Casa de las Conchas. 2. Plaza Mayor. 3. Universidad. 4. Puente romano y la catedral al fondo.

Adrián
Dácil, ¿qué vas a hacer este verano? 13:25

Dácil
Yo voy a ir a unos campamentos de surf. 💪 13:45

Adrián
¿Y tú, Carolina? 14:07

Carolina
Yo voy a ir a Estados Unidos a estudiar inglés. ¡Quiero ser traductora! 😄 14:20

Adrián
Yo todavía no tengo ni idea... Me gustaría ir a un campamento, pero necesito ganar dinero... 😔 14:40

Carolina
¿Por qué no das clases de mates o algo así? 😄 14:41

Adrián
¿Yoo? ¡Ja, ja! Con mi nivel de mates, me voy de vacaciones... ¡dentro de 20 años! 😂 14:43

EN MARCHA

1. Lee **el chat. ¿A quién se refiere cada frase?**

a. Va a hacer una actividad deportiva. *Dácil*
b. Va a practicar un idioma. ______
c. Va a prepararse para su futura profesión. ______
d. No sabe qué va a hacer. ______

2. Escucha **la entrevista a Adrián. ¿Cómo se imagina el futuro?**

15

¿SABÍAS QUE...?
La Universidad de Salamanca (fundada en el siglo XIII) es la universidad más antigua de España y una de las más antiguas de Europa.

Lección 1

¿CÓMO SERÁ EL FUTURO?

1. **Lee estas predicciones. ¿Cuáles crees que se cumplirán? Coméntalo con tus compañeros/as.**

1 **EN EL FUTURO DESAPARECERÁN LAS FRONTERAS**

2 

MUY PRONTO ENTENDEREMOS EL LENGUAJE DE LOS ANIMALES

3 

Dentro de diez años, dejaremos de usar dinero en efectivo

4 EN LA PRÓXIMA DÉCADA AUMENTARÁ EL USO DE ENERGÍAS RENOVABLES

5 **EN 2046 SE CONSTRUIRÁ UNA CIUDAD EN MARTE**

- *Yo creo que cada vez utilizaremos menos el dinero en efectivo, pero...*

2. **Relaciona los titulares con sus causas o consecuencias.**

a. ... **porque** todos los pagos serán digitales. ☐
b. ... **así que** todo el mundo podrá viajar y trasladarse libremente. 1
c. ... **por eso** podremos cuidarlos mejor y aprender de ellos. ☐
d. ... **de manera que** en el futuro habrá "marcianos". ☐
e. ... **porque** se agotarán los recursos no renovables. ☐

3. **Escribe predicciones para dos de estos temas.**

el transporte | la comida | los años de vida | la educación

a. *En el futuro comeremos...* ....
b. ....

EL JUEGO DEL FUTURO. Una persona le lanza una pelota a otra y dice una palabra. Quien la recibe tiene que decir una frase con esta palabra sobre lo que cree que pasará en el futuro.

¡Árboles!

Habrá muchos árboles en las ciudades.

MIS PALABRAS

aumentar ≠ disminuir
desaparecer
dejar de
....
en efectivo

Mis palabras, p. 112

¡HOLA! OLÁ!

pronto: *daqui a pouco*
listo/a: *pronto/a*
Habrá más contaminación, así que respiraremos peor: *Haverá mais poluição, por isso respiraremos pior.*

MI GRAMÁTICA

EL FUTURO IMPERFECTO

	SER
(yo)	ser**é**
(él, ella)	ser**á**
(nosotros/as)	ser**emos**

EL FUTURO IRREGULAR

PODER → **podr**é, **podr**ás...
TENER → **tendr**é, **tendr**ás...
HACER → **har**é, **har**ás...
HABER (hay) → **habrá**

MARCADORES TEMPORALES

dentro de 5 años = **en** 5 años
en el futuro

Mi gramática, p. 104

MI GRAMÁTICA

CONECTORES

porque
por eso
así que
de manera que

Mi gramática, p. 105

¿UTOPÍA O DISTOPÍA?

1. **Observa esta ilustración. ¿Cómo será Barcelona en el año 2100?**
Decide si las afirmaciones son verdaderas (V) o falsas (F).
Justifica tus elecciones.

Cristina Curto Teixidó, *Barcelona 2100, realidad aumentada y soledad digital*

a. Nadie podrá respirar sin máscaras. → ☐

b. No habrá ningún árbol sano. → ☐

c. Todo el mundo estará siempre conectado a algún aparato electrónico. → ☐

d. La ciudad estará bajo las aguas del mar. → ☐

- *Yo creo que sí se podrá respirar porque en el dibujo hay...*

MIS PALABRAS

estar conectado/a
el casco
la contaminación
el cielo

Mis palabras, p. 112

2. **Escribe dos características más que tendrá la ciudad de la ilustración.**

realidad aumentada | gente aislada | drones | contaminación

a. ....

b. ....

MI GRAMÁTICA

LOS INDEFINIDOS
nadie
ningún árbol / **ninguna** palmera
algún aparato / **alguna** nube

Mi gramática, p. 105

3. **¿Qué visión del futuro creéis que da la ilustración: optimista o pesimista? ¿Por qué? Coméntalo en clase.**

- *A mí me parece una visión... porque...*

Lección 1 · Mi gramática

EL FUTURO IMPERFECTO

Formación

El futuro imperfecto regular se forma con el infinitivo + las siguientes terminaciones:

VIAJAR	COMER	IR
viajar**é**	comer**é**	ir**é**
viajar**ás**	comer**ás**	ir**ás**
viajar**á**	comer**á**	ir**á**
viajar**emos**	comer**emos**	ir**emos**
viajar**éis**	comer**éis**	ir**éis**
viajar**án**	comer**án**	ir**án**

Algunos verbos tienen una raíz irregular, pero las terminaciones son las mismas que las de los verbos regulares.

hacer → **har-**
decir → **dir-**
querer → **querr-**
haber → **habr-**
saber → **sabr-**
salir → **saldr-**
venir → **vendr-**
tener → **tendr-**
poder → **podr-**
poner → **pondr-**

HACER
haré
harás
hará
haremos
haréis
harán

Uso

Se emplea el futuro para predecir qué va a pasar.

*En el futuro **viviremos** más de 150 años.*

Marcadores temporales

pronto → *Pronto se acabará el petróleo.*

en el futuro → *En el futuro no habrá salas de cine.*

dentro de → *Dentro de 30 años todos comeremos insectos.*

en → *En 2042 viviremos en ciudades inteligentes.*

en la próxima década → *En la próxima década dejaremos de pagar en efectivo.*

el año / el mes / el siglo que viene → *El año que viene empezaré a estudiar alemán.*

1. Completa **las frases con el verbo correspondiente en futuro.**

ser | vivir | poder | tener | ~~comer~~ | reducir

a. En el año 2050 (nosotros) *comeremos* muy poca carne.

b. En el futuro, todo el mundo .... en casas inteligentes.

c. Dentro de 15 años seguro que (yo) .... hijos.

d. Yo creo que los humanos .... inmortales en el futuro.

e. Muy pronto (nosotros) .... el uso de envases de plástico.

f. En la próxima década todos los niños .... ir al cole en autobuses eléctricos.

LOS INDEFINIDOS

algún/a/os/as	+ nombre	
ningún/a/os/as	+ nombre	
alguno/a/os/as	+ ø	
ninguno/a/os/as	+ ø	

- ● *¿Hay alguna señal de tráfico para drones?*
- ○ *No, no hay ninguna.*

Para referirnos a un nombre masculino singular, pero sin mencionarlo, se usan **alguno**, **ninguno**.
No tengo boli de color rojo, ¿tú tienes alguno?
Lo siento, no tengo ninguno.

algo →	alguna cosa	→ *En el futuro inventarán algo para viajar en el tiempo.*
alguien →	alguna persona	→ *Buscan a alguien para pilotar drones.*
nada →	ninguna cosa	→ *En unos años no pagaremos nada con dinero.*
nadie →	ninguna persona	→ *Pronto, nadie pagará en efectivo.*

2. **Completa las frases con algún, alguien, nadie, ninguno, ninguna.**

a. No tienes *ninguna* excusa para no reciclar.
b. Buscan a .... con experiencia.
c. Dentro de 20 años .... leerá libros en papel.
d. ● ¿Has encontrado .... trabajo para el verano?
○ Todavía no. ¡No me gusta ....!

LOS CONECTORES

expresar consecuencia →	**por eso**, **así que**, **de manera que**	→ *La medicina pronto avanzará mucho, de manera que viviremos más de 100 años.*
expresar causa →	**porque**	→ *Llegaré tarde porque hoy no hay metro.*
agregar información →	**además**	→ *Los humanos de la prehistoria se calentaban, se iluminaban y, además, cocinaban con fuego.*
presentar contraste →	**en cambio**, **pero**	→ *Mi abuela no pudo estudiar, en cambio, sus hermanos sí.* *La comida está lista, pero no hay postre.*

3. **Marca la opción correcta.**

a. Jugaban mucho al fútbol, **pero** / **por eso** perdían siempre.
b. Estaba en casa **por eso** / **porque** tenía que hacer los deberes.
c. Tenía que hacer los deberes, **por eso** / **porque** estaba en casa.
d. Sus abuelos no tenían televisión y no se aburrían nunca, **además** / **en cambio**, ustedes tienen televisión, radio e internet y se aburren.

Lección 2

¿QUÉ TE GUSTARÍA SER?

PENSAMIENTO CRÍTICO

1. **Mira el cartel y fíjate en las iniciales FP (Formación Profesional). ¿Cuál es el objetivo de esta campaña?**

- *El objetivo es...*

↑ Ministerio de Educación, Cultura y Deporte, España

MIS PALABRAS

el / la carpintero/a
el / la fontanero/a
el / la administrativo/a
el / la cocinero/a
el / la monitor/a de...

Mis palabras, p. 113

2. **Mira el cartel y responde.**

a. ¿Cuáles de estas profesiones **no** están representadas?

técnico/a de sonido ☐	enfermero/a ☐	fotógrafo/a ☐	médico/a ☐
el / la maquillador/a ☐	peluquero/a ☐	mecánico/a ☐	carpintero/a ☐

b. ¿Y a ti qué te gustaría ser? Coméntalo con tus compañeros/as.

MI GRAMÁTICA

EL CONDICIONAL

Me gustaría trabaj**ar** en algo creativo.

Mi gramática, p. 108

3. **Mira la imagen y fíjate en lo que dice Yolanda. ¿A qué crees que se dedica?**

- *Creo que Yolanda es...*

MIS PALABRAS

¿A qué te dedicas?
Soy...
Me cuesta/n
(No) soy bueno/a (con)
Saco buenas / malas notas (en)

Mis palabras, pp. 112, 113

4. **¿Y TÚ? ¿En qué eres bueno/a? ¿Qué cosas te cuestan? Escríbelo.**

Yo soy muy buena con las matemáticas y la música, pero me cuesta...

DESPUÉS DE LOS ESTUDIOS

1. **Escucha la entrevista de Antonio con su orientadora pedagógica. ¿Cuál de estas profesiones crees que podría elegir?**

16

ingeniero ☐ psicólogo ☐ arquitecto ☐
abogado ☐ periodista ☐ profesor ☐

- *Antonio podría ser...*

2. **Lee las fichas. ¿Qué profesiones podrían elegir?**

enfermero/a | periodista | profesor/a | otros

ADRIÁN
Gustos: leer, escribir, hablar de la actualidad
Asignaturas que le van mejor: Inglés y Francés
Carácter: abierto, le gusta hablar con gente nueva
Cómo se imagina en el futuro: quiere hacer muchas cosas, viajar...

Adrián podría ser...

CAROLINA
Gustos: leer, pintar, la historia y las leyendas
Asignaturas que le van mejor: Arte y Literatura
Carácter: muy curiosa y creativa
Cómo se imagina en el futuro: le gustaría trabajar con niños o con adolescentes

Carolina podría ser...

DÁCIL
Gustos: el deporte y la vida sana
Asignaturas que le van mejor: Ciencias
Carácter: positiva, optimista, solidaria, le gusta ayudar a la gente
Cómo se imagina en el futuro: quiere ayudar a la gente

Dácil podría ser...

3. **Crea una ficha como las anteriores sobre ti. Después, intercámbiala con tu compañero/a. ¿Qué profesión podría elegir? ¿Por qué?**

- *Yo creo que podrías ser médica; así ayudarías a otras personas...*

COMPARTIMOS EL MUNDO

En España, después de los cuatro años de la Educación Secundaria Obligatoria (ESO), existen dos posibilidades para seguir estudiando: hacer dos años de bachillerato (y después ir a la universidad) o hacer un ciclo de formación profesional.

¿Cómo es en Brasil? ¿Se parece al sistema español?

MI GRAMÁTICA

EL CONDICIONAL

	AYUDAR
(yo)	ayudaría
(tú)	ayudarías
(él, ella)	ayudaría

	COMER
(yo)	comería
(tú)	comerías
(él, ella)	comería

	IR
(yo)	iría
(tú)	irías
(él, ella)	iría

EL CONDICIONAL IRREGULAR

PODER → podría, podrías...
HACER → haría, harías...
TENER → tendría, tendrías...

Mi gramática, p. 108

Lección 2 · Mi gramática

EL CONDICIONAL

Formación

VIAJAR	COMER	IR
viajaría	comería	iría
viajarías	comerías	irías
viajaría	comería	iría
viajaríamos	comeríamos	iríamos
viajaríais	comeríais	iríais
viajarían	comerían	irían

HACER
haría
harías
haría
haríamos
haríais
harían

Como en el futuro, las formas irregulares en el condicional están en la raíz, no en la terminación.

Los verbos irregulares en el condicional son los mismos que en el futuro:

poner → pondría
tener → tendría
haber → habría
decir → diría

Uso

Usamos el condicional para hablar de una realidad hipotética referida al presente o al futuro.

En un mundo ideal, no habría pobreza.

De mayor, me gustaría ser astronauta.

Y también para dar consejos y hacer sugerencias.

Yo, en tu lugar, empezaría a hacer los deberes.

1. Coloca los verbos en las frases y conjúgalos.

comprar · beber · comer · hacer · gustar · ~~irse~~

a. ¡Tengo mucho sueño! *Me iría* a la cama ahora mismo.
b. ¿Y tú qué .... en mi lugar? ¿.................... un portátil o una tableta?
c. En un mundo ideal (nosotros/as) .... todos los días pizza.
d. Si tienes mucha sed, yo .... agua, no un refresco.
e. Me .... ir a tu fiesta, pero tengo una reunión familiar.

2. El sueño de Fernando es ser rico. Completa el texto con estos verbos en condicional.

~~viajar~~ · ser · pagar · comer · estar · tomar · ir

Me encantaría ser rico porque entonces *viajaría* por todo el mundo y .... en los mejores restaurantes. .... a las playas más hermosas y .... siempre con mis amigos. Por la noche, ... mi avión privado para ir a conciertos y espectáculos. No .... la entrada porque ¡los locales .... míos!

OFERTAS DE TRABAJO

1. **Lee estas ofertas de trabajo.**
¿Te podrías presentar a alguno de los puestos? ¿Por qué?

a

Paseador/a de perros

Necesito a una persona para pasear a mi perro durante una semana (desde el sábado 23 hasta el viernes 29 de este mes). Estaremos fuera y necesitamos a alguien para sacarlo a pasear dos veces al día.

b

Canguro

Se busca un/a joven responsable para recoger todos los días a un niño de 6 años en el colegio, darle la merienda y jugar con él un rato. El horario es desde las 16 h hasta las 18:45 h, de lunes a viernes.
Se dará prioridad a personas con experiencia cuidando niños.

c

Repartidor/a

Se buscan repartidores para pizzería. Jornada de 3-4 horas al día durante los fines de semana (6-8 horas semanales). Horario flexible. No se requiere experiencia laboral. Indispensable permiso de conducir de moto de 50 c.c.

2. **Dácil ha escrito una carta de motivación.**
¿A cuál de los puestos se presenta?
¿Cumple con los requisitos que se piden? Justifícalo.
- *Dácil quiere trabajar como…*

De: dacil_2010@reporteros.es
Asunto: Oferta de trabajo

Estimados/as señores/as:

Me gustaría trabajar en su empresa como ________. Este año he terminado el 4.º curso de la ESO y, aunque nunca he trabajado, soy una persona muy activa y estoy muy motivada para empezar.
Tengo el permiso de conducir para motos desde hace un año y estoy libre los fines de semana.
Espero que tengan en cuenta mi candidatura. Estoy a su disposición para una entrevista personal.

Atentamente,
Dácil Santana

3. **¿Y TÚ? Elige una de las ofertas y escribe una carta de motivación. Puedes utilizar la plantilla de la página 124 del Cuaderno de ejercicios.**

MI GRAMÁTICA

El SE IMPERSONAL
Se busca **un/a** joven.
Se busca**n** repartidor**es/as**.

LOS INDEFINIDOS
Necesito a **alguien** con experiencia.

Mi gramática, p. **105**

RECUERDA

LA DURACIÓN
desde… hasta
durante

¡HOLA! OLÁ!
un rato: *um momento*

MIS PALABRAS

el / la paseador/a (de perros)
el / la repartidor/a
la entrevista
motivado/a
canguro (en España) =
niñero/a (en Hispanoamérica)

Mis palabras, pp. **112**, **113**

RECUERDA

trabajador/a
tranquilo/a
independiente
sociable

Lección 3

EL VERANO DE ARTURO

1. **Arturo va a trabajar este verano.**
Fíjate en las tareas que tendrá que hacer.
¿Qué trabajo crees que ha solicitado?

au pair ☐ camarero ☐ profesor de español ☐

2. **Escucha la entrevista de trabajo de Arturo y responde.** 17

a. ¿Por qué Arturo tiene que hablar alemán? ....

....

b. ¿Qué sueldo le ofrecen? ....

....

c. Al final, ¿consigue el trabajo? ....

....

3. **Vuelve a escuchar la entrevista.** 17
Clasifica estas preguntas. ¿Quién las hace: la entrevistadora o el entrevistado?

¿Por qué te interesa este trabajo?	
¿Cuál sería el sueldo?	
¿Tienes experiencia con niños?	
¿Cuándo empezaría?	
¿Qué nivel de alemán tienes?	

MIS PALABRAS

el puesto (de trabajo)
el sueldo
el nivel de alemán / inglés
x euros la hora / a la semana / al mes
au pair

Mis palabras, p. 113

¿SABÍAS QUE...?

Un/a *au pair* es un/a joven que vive en casa de una familia en el extranjero. Su trabajo consiste en cuidar de los/as niños/as y hacer tareas domésticas ligeras.

MI GRAMÁTICA

EL SI CONDICIONAL

Si saco buenas notas, este verano **iré** un mes a España.

Mi gramática, p. 111

Lección 3 · Mi gramática

EL SE IMPERSONAL

se + 3.ª persona singular / plural

El verbo concuerda con el CD.

Se requiere experiencia con niños.

Se buscan camareros o camareras.

1. **Escoge la opción adecuada en cada caso.**

   a. En España **se cocina** / **se cocinan** con aceite de oliva.
   b. En Francia **se estudia** / **se estudian** dos lenguas extranjeras en la escuela.
   c. En este curso **se aprende** / **se aprenden** muchas cosas.
   d. **Se hace** / **Se hacen** camisas a medida.
   e. **Se necesita** / **Se necesitan** ayudantes de cocina.
   f. Para este trabajo **se requiere** / **se requieren** permiso de conducir.

2. **Completa las frases con se + presente de indicativo.**

   ~~hablar~~ requerir ver buscar vender

   a. En Chile *se habla* español.
   b. En esta tienda .... caramelos.
   c. .... camarero para restaurante.
   d. En agosto .... muy bien las estrellas.
   e. Para este puesto .... experiencia.

EL SI CONDICIONAL

Se utiliza **si** para introducir una condición.

si + presente , futuro

Si termino los deberes pronto, iré a jugar al fútbol.

3. **Escribe frases condicionales con estos elementos.**

   a. tener tiempo + ordenar mi habitación (YO) *Si tengo tiempo, ordenaré mi habitación.*
   ....
   b. comer mucho + doler la barriga (TÚ) ....
   ....
   c. acostarse tarde + tener sueño (VOSOTROS) ....
   ....
   d. aprender a tocar la guitarra + poder tocar en un grupo de rock (USTEDES) ....
   ....

Mis palabras

EL FUTURO

EL MEDIO AMBIENTE

la contaminación

la gasolina

los residuos

la naturaleza

el aire

aumentar ≠ disminuir

desaparecer

dejar de

LA TECNOLOGÍA

estar conectado/a

estar aislado/a

el aparato electrónico

TRABAJOS

el / la paseador/a de perros

el / la repartidor/a

el / la canguro

el / la *au pair*

Canguro solo se usa en España, la palabra más común es niñero/a.

APTITUDES Y DIFICULTADES

sacar buenas / malas notas

me cuesta/n ≠ soy bueno/a con

A. ¿LO TIENES CLARO?

1. **Traduce al español las siguientes frases.**

a. Daqui a pouco solucionaremos o problema da poluição, por isso viveremos melhor.

....

b. Já estou pronto. Podemos ir embora.

....

c. Levantei cedo para poder brincar um momento contigo.

....

MUNDO LABORAL

PROFESIONES

el / la peluquero/a

el / la carpintero/a

el / la cocinero/a

el / la fontanero/a

el / la fotógrafo/a

el / la administrativo/a

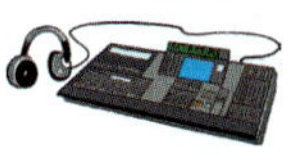
el / la técnico/a de sonido

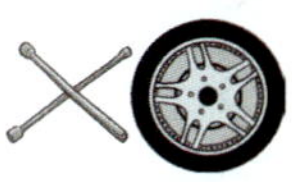
el / la mecánico/a

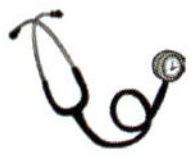
el / la médico/a

el / la enfermero/a

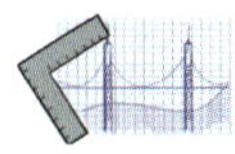
el / la ingeniero/a

el / la arquitecto/a

el / la abogado/a

el / la periodista

el / la psicólogo/a

el / la profesor/a

ENTREVISTAS

¿Por qué te interesa el puesto?

¿Qué nivel de inglés tienes?

¿Tienes experiencia?

¿Cuándo empiezo?

Estoy muy motivado/a.

Soy muy responsable.

Tengo muchas ganas de empezar.

¿Cuál es el sueldo?

OFERTAS

el / la candidato/a

el puesto de trabajo

el sueldo

la carta de motivación

la oferta de trabajo → Se busca...

ganar (dinero)

el horario flexible

tener
- → un nivel medio / alto de...
- → experiencia → ¡Se requiere experiencia!

B. LA ENTREVISTA DE TRABAJO

2. Escribe las preguntas correspondientes.

a. .... → Tengo un nivel alto, lo entiendo todo.

b. .... → Sí, he ayudado en la tienda de mis padres.

c. .... → Pagamos 15 euros la hora.

d. .... → Porque me gusta mucho cocinar.

PENSAMIENTO CREATIVO

¡Crea tu mapa mental! Personaliza este mapa: piensa en tus proyectos, en las profesiones que te interesan o que tienen las personas que conoces, busca las palabras que necesites y añádelas.

EL TORO DE PIEDRA (*LAZARILLO DE TORMES*)

El ***Lazarillo de Tormes*** es un clásico de la literatura española. Se trata de una novela anónima, escrita en el siglo XVI, que cuenta la vida de Lázaro, un niño que nace en el río Tormes, cerca de Salamanca, de una madre muy pobre que lo da a un ciego. A lo largo de su infancia y adolescencia, Lázaro deberá trabajar para diversos amos que a menudo lo maltratan, pero con ellos aprenderá a defenderse y a sobrevivir en un mundo difícil. En un episodio muy famoso, el ciego dice a Lázaro: "El mozo de un ciego un punto ha de saber más que el diablo". Con esta frase, el ciego quiere instruirlo, pero también burlarse de él. Esta novela es un duro retrato de la sociedad de la época.

↑ *Lazarillo de Tormes* (fragmento), Enrique Lorenzo

Por Adrián, corresponsal desde Salamanca.

↑ Estatua del *Lazarillo de Tormes* en Salamanca

¡CONOCE SALAMANCA!

↑ Rubén Alonso, *Salamanca City Tour*

ACTIVIDADES

1. **Busca en el diccionario la palabra *lazarillo*. ¿Qué significa?**
2. **Lee el texto y el cómic, y completa.**
   1. *Lazarillo de Tormes* es...
      - **a.** una novela clásica. ☐
      - **b.** una película. ☐
      - **c.** un personaje histórico. ☐
   2. El ciego quiere enseñar a Lázaro a...
      - **a.** ser malo con los demás. ☐
      - **b.** no dejarse engañar. ☐
      - **c.** reaccionar ante la mala suerte. ☐
3. **Ve el vídeo y responde.**
   - **a.** ¿Cómo es la ciudad vieja de Salamanca?
     ....
   - **b.** ¿Cuántas catedrales tiene? ¿De cuándo son?
     ....
   - **c.** Señala en el fotograma la rana. ¿Qué pasa si alguien la encuentra?
     ....
     ....

¡ERES PERIODISTA!

Busca una imagen del Lazarillo de Tormes y descríbela.

1. **Busca en internet "Lazarillo de Tormes + imagen" y selecciona una que te guste.**
2. **Explica qué es: una pintura, el fragmento de un cómic, la cubierta de un libro, etc.**
3. **Di qué personajes aparecen y descríbelos.**
4. **Describe qué ocurre en esa escena.**

1. **Estos dos titulares se refieren a una misma noticia. ¿Cuál es el tema? Coméntalo con tus compañeros/as.**

UNA NUEVA VIDA CON LOS ROBOTS

Convivir con los robots es el reto que nos espera en las próximas dos décadas, según revela un estudio realizado por la Universidad Politécnica de Madrid.

A. GÓMEZ | Buenos Aires

1

LOS ROBOTS NOS VAN A DOMINAR

Los científicos nos alertan: pronto estaremos rodeados de robots.

Redacción

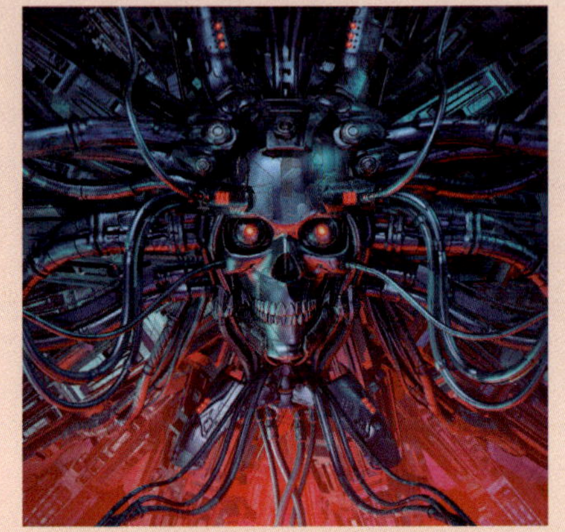

2

2. **Lee los textos de nuevo y comenta con tus compañeros/as.**
   - **a.** ¿Cuál de los dos titulares puede generar miedo en quien lo lee? ¿Por qué?
   - **b.** Al hablar del tiempo, ¿cuál de las dos noticas es más precisa? Explica por qué.
   - **c.** Al hablar de las fuentes de la noticia, ¿cuál de las dos es más precisa? ¿Por qué?
   - **d.** ¿Cuál de las dos noticias te parece más fiable? ¿Por qué?

3. **Investiga en periódicos digitales distintas noticias sobre un mismo hecho actual. Tráelas a clase y comenta los diferentes puntos de vista.**

4. **Ahora, haz la minipráctica.**

MINIPRÁCTICA

LA NOTICIA

Escribe una noticia sobre la vida en el futuro y nuestra relación con los robots. Incluye información que responda a estas preguntas:

- ¿Cómo será nuestra vida con ellos?
- ¿Qué tareas realizarán?
- ¿Podrán hablar?
- ¿Nos controlarán?

ESTRATEGIAS

- **Investiga** qué dicen los estudios actuales respecto a nuestra vida en el futuro con los robots.
- **Usa** un lenguaje neutro y objetivo.
- **Menciona** tus fuentes.
- **Busca** una imagen para ilustrar tu noticia.
- **Compara** tu noticia con las de tus compañeros/as. ¿Hay diferencias de perspectiva?

Taller de lengua

DE MAYORES SEREMOS...

PENSAMIENTO CREATIVO

Nos preparamos

1. **Elegimos una profesión** que nos parezca interesante y buscamos información sobre ella: **en qué consiste**, qué **estudios** son necesarios, en qué lugares se puede ejercer esa profesión, etc.

Lo creamos

2. **Diseñamos un cartel** para presentar la profesión que hemos elegido. Podemos poner fotos o dibujar.

Lo presentamos

3. **Explicamos nuestro cartel** a la clase. ¿Qué profesiones parecen más interesantes? ¿Por qué?

Alternativa digital

Usamos un programa de presentaciones con diapositivas.

ACTIVIDADES COMUNICATIVAS DE LA LENGUA

COMPRENSIÓN AUDIOVISUAL

1. **¿Has trabajado alguna vez durante el verano? ¿Qué trabajos hiciste? Coméntalo con un/a compañero/a.**

2. **Ahora, ve el vídeo en el que Alejandro da ideas para trabajar durante las vacaciones. ¿Qué cinco trabajos recomienda?**

1. ....
2. ....
3. ....
4. ....
5. ....

3. **Relaciona cada frase con los trabajos que recomienda Alejandro.**

a. Trabajar con libros. ☐
b. Ganar experiencia en trabajos en equipo. ☐
c. Hacer algo por los demás o por la naturaleza. ☐
d. Cantar y divertirse. ☐
e. Enseñar algo en lo que eres experto. ☐

INTERACCIÓN ORAL

1. **En parejas, haced una lista de otros trabajos de verano para estudiantes. Comentad qué trabajos podríais hacer vosotros/as el próximo verano. Explicad por qué.**

- *Yo podría trabajar de... porque...*

PRUEBA 3. EXPRESIÓN E INTERACCIÓN ESCRITAS

TAREA 1 DELE A2/B1 PARA ESCOLARES

INSTRUCCIONES
Una prima tuya va a terminar bachillerato y te escribe un correo electrónico porque se siente un poco perdida: no sabe qué estudiar ni a qué dedicarse. Lee su correo y respóndele.

Hola, ¿qué tal?:

Terminaré el bachillerato este junio y todavía no sé qué carrera elegir. Me gustan demasiadas cosas... ¡Uf, estoy tan nerviosa!

Creo que elegiré Biología o algo científico porque me encanta la naturaleza. Pero tengo mejores notas en letras (idiomas, literatura...).

Además, me gustaría ir a alguna universidad fuera de mi ciudad. Pero para mis padres es un esfuerzo económico muy grande. ¿Qué podría hacer para ganar dinero extra? ¿En qué podría trabajar? Ni idea...

¿Tú ya sabes a qué dedicarte? ¿Qué estudiarás?

¿Qué harías en mi lugar? Dime algo.

Te extraño. Un abrazo.

Susana

En tu correo tienes que:

- saludarla y tranquilizarla;
- decirle qué crees que podría estudiar y por qué;
- sugerirle posibles trabajos o ayudas económicas durante su etapa en la universidad;
- decir qué estudiarás tú y cómo imaginas tu vida profesional dentro de unos años;
- despedirte.

Número de palabras recomendadas: 60-70.

Educación para la participación social

SOMOS CIUDADANOS

¡HAZTE VOLUNTARIO/A!

En los últimos años han surgido organizaciones, como la Fundación Hazloposible, que impulsan la participación de la sociedad en causas solidarias utilizando nuevas tecnologías.

PENSAMIENTO CRÍTICO

1. **Reflexiona. ¿Dónde compras normalmente la ropa? ¿Con qué frecuencia vas de compras?**

2. **Lee el texto y responde.**
   - **a.** ¿Entiendes el nombre de la fundación?
   - **b.** ¿Qué busca la fundación? ¿Para qué?
   - **c.** ¿Qué destino tienen las cosas clasificadas?
   - **d.** ¿Por qué es importante esta tarea?
   - **e.** ¿Cómo deben ser los/as voluntarios/as?

www.hazloposible.org

¿QUIÉNES SOMOS? | VOLUNTARIADO INTERNACIONAL | VOLUNTARIADO PRESENCIAL | VOLUNTARIADO VIRTUAL

FUNDACIÓN **HAZLOPOSIBLE**

Necesitamos voluntarios y voluntarias para clasificar ropa procedente de donaciones para nuestras tiendas solidarias.

DESCRIPCIÓN

En estas tiendas se ponen a disposición del público diversos artículos: ropa, libros, juguetes y artículos de hogar, entre otros.

En ellas se permite acceder a productos especiales a muy bajo precio.

Estos establecimientos ayudan a financiar las áreas de trabajo de Ayuda Humanitaria, Proyectos de Desarrollo y Educación para el Desarrollo de la asociación Madre Coraje. Además, estas tiendas ayudan a dar una segunda vida a los artículos donados, de modo que la generación de residuos se reduce a través de la reutilización.

PERFIL

Personas sensibilizadas con las injusticias del mundo, responsables y dispuestas a aportar algo de su tiempo para contribuir al desarrollo de los más desfavorecidos. Personas interesadas en el mundo de la moda o el consumo responsable.

↑ Adaptado de hacesfalta.org

3. **Opina. ¿Crees que es importante el papel de los/as voluntarios/as? ¿Por qué?**

4. **Actúa. Vamos a crear una campaña solidaria. Pensamos en una causa (en nuestro barrio o ciudad, por ejemplo) que queramos apoyar. Creamos un cartel para describir la acción y conseguir voluntarios/as.**

Cuaderno de ejercicios

1. **Clasifica estas frases sobre el futuro como optimistas (O) o pesimistas (P).** El medio ambiente, p. 112

   a. Aumentará la cantidad de gases tóxicos en el aire. ☐
   b. Disminuirá el uso de materiales reciclados. ☐
   c. Dejaremos de contaminar. ☐
   d. Inventaremos medios de transporte no contaminantes. ☐
   e. Desaparecerán muchas especies de animales. ☐

2. **Completa estas frases con las palabras de las etiquetas.** La tecnología, p. 112

   aparatos electrónicos | coches autónomos | superalimentos | ~~realidad virtual~~

   a. En el futuro pasaremos muchas horas conectados a dispositivos de *realidad virtual*.
   b. No tendremos que conducir porque usaremos ....
   c. Tomaremos .... que nos aportarán todos los nutrientes necesarios.
   d. Tendremos .... que sabrán lo que necesitamos antes de decirlo.

3. **Escribe estos verbos en futuro, en la persona indicada.** El futuro imperfecto, p. 104

   a. poder (yo) → *podré*
   b. hacer (tú) → ....
   c. haber (él, ella) → ....
   d. tener (yo) → ....
   e. ser (nosotros/as) → ....
   f. saber (vosotros/as) → ....
   g. venir (tú) → ....
   h. viajar (yo) → ....

4. **Completa las frases con las formas del futuro.** El futuro imperfecto, p. 104

Dentro de 100 años

¿Os habéis preguntado alguna vez cómo (SER) *será* el mundo en el futuro? ¿Dónde (VIVIR) .... los humanos? ¿Qué (HACER) .... para divertirse? Dentro de 100 años, los humanos (RESIDIR) .... en ciudades subacuáticas y (PASAR) .... las vacaciones en grandes estructuras flotantes. En lugar de ir al cine o al teatro, la gente (PODER) .... descargar hologramas y ver los espectáculos desde donde quiera.

5. **¿Y TÚ? ¿Cómo crees que será tu futuro dentro de 20 años?**
Escribe siete frases utilizando estos verbos. El futuro imperfecto, p. 104

trabajar | ~~vivir~~ | comer | estudiar | ganar | viajar | tener

a. *Dentro de 20 años viviré en una casa inteligente en un bosque.*
b. ……………………
c. ……………………
d. ……………………
e. ……………………
f. ……………………
g. ……………………

6. **Subraya el indefinido correcto en cada caso.** Los indefinidos, p. 105

a. Mi hermano no ha leído **ningún** / **ninguno** libro de Gabriel García Márquez.
b. ● ¿Tienes **algún** / **alguno** plan para el fin de semana?
○ Sí, vamos a ir a esquiar.
c. ● ¿Van a venir todas tus compañeras a la fiesta?
○ No, solo vendrán **algún** / **algunas**.
d. En el futuro **ningún** / **ninguno** estudiante tendrá libros en papel.
e. ● ¿Conoces a **algún** / **alguna** chica española?
○ Sí, mi amiga Carmen.
f. Dentro de 20 años habrá **algún** / **algunos** cambios muy importantes en las ciudades.

7. **Completa las frases con el indefinido adecuado.** Los indefinidos, p. 105

ninguna (x2) | nadie | algunas | algún (x2) | ~~ningún~~ | ninguno

a. Pedro no ve bien *ningún* color. Lo ve todo en blanco y negro.
b. En el futuro …………… personas hablarán solo un idioma, pero serán muy pocas.
c. No me gusta …………… película de ciencia ficción, me aburren todas.
d. Tienes que llevar …………… abrigo. Hará frío.
e. ¿Vosotros tenéis …………… diccionario en papel? Nosotros no tenemos …………….
f. En el próximo siglo no habrá …………… frontera.
g. Dentro de 100 años …………… se pondrá enfermo.

8. Completa las frases eligiendo el indefinido adecuado. Los indefinidos, p. 105

nadie | alguien | ~~nada~~ | algo

a. Carlos es muy trabajador, nunca deja *nada* .... sin hacer.

b. Los padres de Laura buscan a .... para darle clases de matemáticas a su hija.

c. Nuestro profe de Historia siempre tiene .... interesante que contar.

d. No se ha presentado .... para el puesto de repartidor.

9. Completa esta ficha con tus datos.

Pega tu foto aquí.

Mi nombre: ....

Asignatura/s que me gusta/n: ....

Gustos: ....

Carácter: ....

Cómo me imagino en el futuro: ....

....

Qué me gustaría hacer después de acabar Ensino Médio: ....

....

10. Completa el crucigrama con las profesiones en masculino.
Una de ellas es nueva: puedes buscarla en el diccionario. Profesiones, p. 113

1 

2 

3 

4 

5 

6 

7 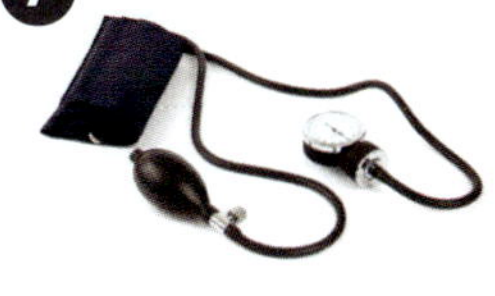

Cuaderno de ejercicios

11. **Lee la carta de motivación de Dácil. Identifica las diferentes partes y relaciónalas.**

De: dacil_2010@reporteros.es
Asunto: Oferta de trabajo

Estimados/as señores/as:

Me gustaría trabajar en su empresa como repartidora. Este año he terminado el 4.º curso de la ESO y, aunque nunca he trabajado, soy una persona muy activa y estoy muy motivada para empezar. Tengo el permiso de conducir para motos desde hace un año y estoy libre los fines de semana.
Espero que tengan en cuenta mi candidatura. Estoy a su disposición para una entrevista personal.

Atentamente,
Dácil Santana

Saludo
Cuerpo de la carta o correo electrónico:
Mencionar el motivo del mensaje
Hablar de la experiencia
Hablar del carácter
Comentar la disponibilidad
Responder a las condiciones del anuncio
Despedida

12. **Escribe una carta de motivación para alguno de los puestos de la actividad 1 de la página 109.**

De:
Asunto: Oferta de trabajo

Estimados/as señores/as:

Me gustaría ....

Este año ....

....

Tengo experiencia ....

....

Soy una persona ....

....

....

Puedo trabajar los ....

....

....

....

13. **Escribe las palabras en la columna correspondiente. Añade dos palabras más por columna.** Entrevistas, p. 113

disponible | permiso de conducir | trabajador/a | ~~solidario/a~~ | experiencia | serio/a | un buen nivel de español | sociable | varios idiomas | organizado/a | muy bien inglés

Soy...	Tengo...	Estoy...	Hablo...
solidario/a			

14. **Relaciona las columnas para formar frases.** Los conectores, p. 105

a. No tengo perro, *3*
b. No sé cantar,
c. No veo bien,
d. Tengo muchos libros

1. porque me gusta leer.
2. por eso llevo gafas.
3. pero me encantan.
4. en cambio, sé bailar muy bien.

15. **Imagina que puedes trabajar en los siguientes lugares.**
¿Qué cosas harías? Puedes utilizar estos verbos u otros. El condicional, p. 108

~~ayudar~~ | cuidar | investigar | preparar | escribir

a. En un hospital, *ayudaría a la gente a estar sana.*
b. En un restaurante, ...
c. En un periódico, ...
d. En un zoológico, ...
e. En la universidad, ...

16. **Completa la cadena de frases condicionales. Inventa el final.** El **si** condicional, p. 111

1. Si consumimos menos petróleo, *contaminaremos menos el aire.*
2. Si contaminamos menos el aire, ...
3. Si disminuye el calentamiento global, ...
4. Si no hay cambio climático, ...
5. Si la Tierra dura muchos años, ...

Cuaderno de ejercicios

17. **Escribe frases condicionales lógicas usando estos elementos.** El **si** condicional, p. 111

a. fabricar carne en laboratorios + reducir el consumo de agua

Si fabricamos carne en laboratorios, reduciremos el consumo de agua.

b. usar más energías renovables + no contaminar el aire

....

c. consumir menos carne y más insectos + ayudar a reducir la contaminación

....

d. seguir aumentando el consumo + contaminar aún más la tierra y el mar con residuos

....

e. investigar sobre alimentos alternativos + no haber hambre en el mundo

....

f. seguir malgastando agua + secarse los ríos y los lagos

....

18. **Elige el verbo correcto en cada caso.** El **se** impersonal, p. 111

a. En este restaurante **se sirve** / **sirve** comida tradicional chilena.

b. Manuel **cocina** / **se cocina** muy bien. Todos sus amigos quieren ir a cenar a su casa.

c. Mi abuela **camina** / **se camina** dos horas todas las mañanas.

d. En esta empresa **trabaja** / **se trabaja** mucho.

e. Sebastián **hace** / **se hace** una ruta gastronómica por México.

f. En las fiestas peruanas **come** / **se come** mucho y muy variado.

g. En mi casa, **duerme** / **se duerme** mejor en invierno que en verano.

h. En mi escuela **se hace** / **se hacen** muchos trabajos en grupo.

19. **Completa las frases con se y la forma correcta de estos verbos.** El se impersonal, p. 111

abrir | pasear | poner | llevar | ~~barrer~~ | comer

Estas son algunas costumbres latinoamericanas para la noche de fin de año:

a. En México, *se barre* la casa para atraer la buena suerte.

b. En Colombia, ... por la calle con una maleta vacía para viajar todo el año.

c. En Ecuador, ... dinero dentro de los zapatos para conseguir abundancia económica.

d. En Argentina, ... un regalo después de las 12.

e. En Chile, ... unas pocas lentejas porque son símbolo de prosperidad.

f. En Venezuela, ... ropa nueva para tener suerte el próximo año.

20. **Completa estos textos conjugando los verbos en futuro.** El futuro imperfecto, p. 104

LA CAMA DEL FUTURO

dar | hacer | ser | obtener | cambiar

Este mueble *hará* las mañanas y las noches de todo el mundo más cómodas. Al acostarnos, ... la temperatura para adaptarse a las condiciones climáticas: en invierno, nos .... calor y en verano, frío. Además, esta cama .... respetuosa con el medio ambiente porque .... toda la energía necesaria de paneles solares.

LA DUCHA INTELIGENTE

poder | haber | salir | tener

Al entrar a la ducha inteligente, el agua .... con la temperatura adaptada a nuestras preferencias gracias al sistema de reconocimiento facial. Además, esta ducha .... reproducir nuestras canciones favoritas porque .... acceso a nuestra biblioteca digital de música gracias a la pantalla digital que .... en el interior.

Descripción del DELE A2 y DELE A2 / B1 PARA ESCOLARES

Características de los exámenes

La duración del **DELE A2** es de 2 h 50 minutos (preparación de la cuarta prueba incluida); la del **DELE A2 / B1 para escolares** es de 2 h 40 minutos (preparación de la cuarta prueba incluida). Ambos exámenes se componen de 4 pruebas:

PRUEBA 1. COMPRENSIÓN DE LECTURA (4 TAREAS - 25 ÍTEMS)

Tarea	DELE A2 (60 minutos)		DELE A2 / B1 para escolares (50 minutos)	
	Ítems	**¿QUÉ TIENES QUE HACER?**	**Ítems**	**¿QUÉ TIENES QUE HACER?**
1	5	• Responder a 5 preguntas marcando la respuesta correcta entre 3 opciones (a, b, c). • Tipología de textos: cartas, correos electrónicos u otros textos breves de género epistolar habitual y ámbito personal (250-300 palabras).	6	• Relacionar 6 de los 9 textos presentados con los 6 enunciados que le corresponden a cada uno. • Tipología de textos: anuncios publicitarios, carteleras, mensajes personales y avisos (40-60 palabras por texto).
2	8	• Responder a 8 preguntas marcando la respuesta correcta entre 3 opciones (a, b, c). • Tipología de textos: artículos muy breves, folletos, anuncios publicitarios, carteles, convocatorias, blogs, foros o avisos de acontecimientos (50-80 palabras por texto).	6	• Relacionar los 3 textos con los 6 enunciados o preguntas que le corresponden a cada uno. • Tipología de textos: cartas, noticias, diarios, biografías, guías de viaje (100-120 palabras por texto).
3	6	• Relacionar los 3 textos con los 6 enunciados o preguntas muy breves que le corresponden a cada uno. • Tipología de textos: la misma que en la Tarea 2 (100-120 palabras por texto).	6	• Responder a 6 preguntas marcando la respuesta correcta entre 3 opciones (a, b, c). • Tipología de textos: textos del ámbito público o educativo sobre un personaje importante en cualquier disciplina o campo profesional, o un relato (450-500 palabras).
4	6	• Responder a 6 preguntas marcando la respuesta correcta entre 3 opciones (a, b, c). • Tipología de textos: biografías, diarios, entradas de blog, noticias, guías de viaje, etc. (375-425 palabras).	7	• Completar el texto con una de las 3 opciones que se dan para rellenar cada espacio. • Tipología de textos: anécdotas, informaciones, relatos, entrevistas u otro texto similar de ámbito personal o público (150-200 palabras).

PRUEBA 2. COMPRENSIÓN AUDITIVA (4 TAREAS - 25 ÍTEMS)

Tarea	DELE A2 (40 minutos)		DELE A2 / B1 para escolares (35 minutos)	
	Ítems	**¿QUÉ TIENES QUE HACER?**	**Ítems**	**¿QUÉ TIENES QUE HACER?**
1	6	• Responder a 6 preguntas, marcando la respuesta correcta entre 3 opciones (a, b, c). Las opciones de respuesta son imágenes y hay que elegir cuál se corresponde con cada conversación. • Tipología de textos: conversaciones informales sobre tiempo libre, gustos, intereses e intercambios de clientes en tiendas, restaurantes, estaciones, aeropuertos y otros lugares públicos (50-80 palabras por conversación).	7	• Responder a 7 preguntas del mismo modo que en la Tarea 1 del DELE A2. • Diferencia con el DELE A2: las opciones de respuesta para 4 preguntas son imágenes y, para las otras 3, son texto escrito. • Tipología de textos: del mismo tipo que en la Tarea 1 del DELE A2 (70-90 palabras por conversación).
2	6	• Responder a 6 preguntas marcando la correcta entre 3 opciones de respuesta (a, b, c). • Tipología de textos: noticias, fragmentos de programas, anuncios publicitarios o eventos, como estrenos, ofertas, convocatorias, etc. (40-60 palabras por fragmento).	6	• Relacionar cada monólogo con uno de los 9 enunciados disponibles; 3 enunciados no se relacionan con ningún monólogo. • Tipología de textos: anuncios publicitarios, mensajes personales, avisos... (40-60 palabras por monólogo).
3	6	• Relacionar 6 enunciados con la persona de la conversación a la que corresponde cada uno. • Tipología de textos: conversaciones de ámbito personal entre 2 personas sobre vida cotidiana, noticias sencillas, sugerencias y citas (225-275 palabras).	6	• Responder a 6 enunciados con la persona de la conversación a la que corresponde cada uno. • Tipología de textos: una conversación del ámbito personal o público entre 2 personas que cuentan anécdotas o experiencias personales (250-300 palabras).
4	7	• Responder cada mensaje con uno de los 10 enunciados disponibles; 3 enunciados no se relacionan con ningún mensaje. • Tipología de textos: mensajes de ámbito personal y público grabados o emitidos por megafonía o radio, con información sencilla, sobre horarios, ofertas, citas, avisos, peticiones... (30-50 palabras por mensaje).	6	• Responder a 6 preguntas marcando la respuesta correcta entre 3 opciones (a, b, c). • Tipología de textos: 3 noticias (150-180 palabras por noticia).

PRUEBA 3. EXPRESIÓN E INTERACCIÓN ESCRITAS (2 TAREAS)

Tarea	DELE A2 (45 minutos) ¿QUÉ TIENES QUE HACER?	DELE A2 / B1 para escolares (50 minutos) ¿QUÉ TIENES QUE HACER?
1	• Leer un texto del ámbito personal (nota, carta, correo electrónico, invitación o mensaje) como base para el texto que se tiene que escribir (35-45 palabras). • Escribir un texto del ámbito personal (nota, carta breve o postal, o correo electrónico) en respuesta al texto de entrada. Debe incluir los contenidos que se piden en las instrucciones de la tarea (60-70 palabras).	• Leer un texto informativo breve (nota, anuncio, carta, correo electrónico o mensaje de foro, blog, revista o red social) como base para el texto que se tiene que escribir (70-90 palabras). • Escribir un texto del ámbito personal o público: carta, correo electrónico o mensaje en un foro o en un blog, que suele incluir descripción y narración. Debe incluir los contenidos que se piden en las instrucciones de la tarea (60-70 palabras).
2	• Leer un texto muy breve que pone en contexto lo que el candidato tiene que escribir o fotos como estímulo gráfico. • Escribir un texto que incluya descripción, narración de actividades pasadas y experiencias personales, y exposición de gustos y preferencias. Debe incluir los contenidos que se piden en las instrucciones de la tarea. Hay 2 opciones para elegir una: Opción A: texto del ámbito personal sobre un tema de la vida cotidiana. Opción B: texto biográfico o narrativo a partir de fotos o datos de otras personas (ámbito personal y público). (70-80 palabras para cualquiera de las 2 opciones).	• Leer las instrucciones para escribir el texto. • Escribir un texto que incluya descripción y narración exponiendo información relacionada con experiencias propias, sentimientos, anécdotas y opinión personal. Debe incluir los contenidos que se piden en las instrucciones de la tarea. Hay 2 opciones con el mismo formato, pero tema diferente, para elegir una (110-130 palabras).

PRUEBA 4. EXPRESIÓN E INTERACCIÓN ORALES (12 MINUTOS Y 12 MINUTOS DE PREPARACIÓN)

Se pueden tomar notas durante la preparación y llevar a la sala de examen, pero no leerlas directamente.

Tarea	DELE A2 (3 tareas) ¿DE QUÉ TIENES QUE HABLAR?	DELE A2 / B1 para escolares (4 tareas) ¿DE QUÉ TIENES QUE HABLAR?
1	• Monólogo breve de ámbito personal: descripción sencilla de aspectos y experiencias de un tema concreto de tu vida cotidiana (2-3 minutos). • Material para la preparación: lámina con instrucciones y pequeña lista de aspectos del tema sobre el que se debe hablar en el monólogo. Se elige un tema entre 2 opciones.	• Monólogo breve: descripción de una fotografía de ámbito personal, público o educativo que representa algún aspecto práctico de la vida cotidiana, como las compras, los transportes, las clases, etc. (1-2 minutos). • Material para la preparación: lámina con fotografía e instrucciones para la descripción. Se elige una fotografía entre 2 opciones.
2	• Monólogo breve: descripción de una fotografía de ámbito público que representa algún aspecto práctico de la vida cotidiana, como compras, transportes, etc. (2-3 minutos). • Material para la preparación: lámina con instrucciones y fotografía.	• Diálogo informal con el / la entrevistador/a del examen: situación simulada (*role play*) a partir de la fotografía de la Tarea 1. Se deben dar explicaciones y razonamientos breves y establecer acuerdos / desacuerdos (2-3 minutos). • Material para la preparación: lámina con la situación planteada (papel del candidato y papel del / la entrevistador/a).
3	• Diálogo informal con el / la entrevistador/a del examen: situación simulada (*role play*) a partir de la fotografía de la Tarea 2 sobre actividades cotidianas, compras o intercambios básicos, trabajo, tiempo libre, gustos e intereses (3-4 minutos). • Material para la preparación: lámina con instrucciones.	• Monólogo breve de ámbito personal, público o educativo: descripción sencilla de aspectos y experiencias de un tema concreto de tu vida cotidiana (2-3 minutos). • Material para la preparación: lámina con instrucciones y pequeña lista de aspectos del tema sobre el que se debe hablar en el monólogo. Se elige un tema entre 2 opciones.
4		• Diálogo sobre el monólogo de la Tarea 3: responder a preguntas del / de la entrevistador/a sobre el tema (2-3 minutos). • No se prepara.

Mis estrategias de aprendizaje

CÓMO CREAR UN MAPA MENTAL

Mis estrategias

¿Para qué sirve un mapa mental?

- Los mapas mentales permiten organizar los contenidos de una unidad, de un texto, etc., de la forma que más te ayude a entenderlos y a recordarlos. En la asignatura de Español, puedes hacer mapas mentales de léxico, de gramática, de cultura, etc.

Elige el tema

- No se pueden hacer mapas mentales sobre todos los temas. Piensa en alguno que puedas transformar en un esquema, que puedas organizar en categorías...

Crea tu mapa mental

- Busca en tu libreta, en tus apuntes y en tu libro toda la información sobre el tema elegido.
- Agrupa los diferentes elementos. ¿Puedes establecer subgrupos? ¿Hay elementos que dependen de otros?
- Dibuja tu mapa. Puede tener forma de árbol, de conjunto de cajas...
- Usa símbolos (→, =, ≠...) y destaca la información importante con colores, dibujos y todo lo que creas que puede ayudarte.

Un caso práctico — U1, Mi gramática. El pretérito perfecto (p. 20)

¡Pon en práctica las estrategias anteriores para crear un mapa mental del pretérito perfecto!

Crea o adapta tu mapa mental

a. Copia este mapa mental en tu cuaderno y complétalo con otros verbos irregulares.

b. Personalízalo con los colores, las formas y los símbolos que quieras. Añade comentarios personales, ¡hasta puedes añadir alguna cosa divertida si eso te ayuda!

c. Señala los elementos difíciles para ti.

EL PRETÉRITO PERFECTO

REGULAR

Haber + **participio**

he, has, ha, hemos, habéis, han

- -ar → **ado**
- -er → **ido**
- -ir → **ido**

IRREGULAR

- ver → **visto**
- volver → **vuelto**
- poner → **puesto**
- romper → **roto**
- hacer → **hecho**
- decir → **dicho**
- abrir → **abierto**
- escribir → **escrito**

MARCADORES TEMPORALES

Para situar un acontecimiento en un período de tiempo:

- **hoy**
- **esta mañana**
- **esta semana**
- **este año**
- **...**

Para hablar de experiencias:

- **nunca**
- **alguna vez**
- **muchas veces**
- **siempre**
- **...**

Mis estrategias de aprendizaje

CÓMO BUSCAR Y VERIFICAR INFORMACIÓN

Mis estrategias

Decide lo que quieres o necesitas saber

- Piensa en qué te interesa saber o en un tema sobre el que debes investigar. Escríbelo: te ayudará a buscar la información.

Busca información y verifícala

- Hay muchas fuentes de información posibles: páginas de internet, revistas, libros, personas... Reflexiona sobre qué es mejor consultar en cada caso.
- Pregúntate siempre: ¿la información es fiable? Para saberlo, busca en más de una fuente y compáralas. Elige la que te parezca más útil y objetiva.

Enriquece tu cultura general

- Ve películas o lee libros del tema sobre el que quieres más información.
- Comenta lo que has aprendido con otras personas: tu familia, tus compañeros/as de clase... Así lo recordarás mejor y, además, podrás formarte tu propia opinión.

Un caso práctico **U3, Lección 1. ¿Qué historias captan tu atención? (p. 74)**

¡Pon en práctica las estrategias anteriores para buscar información!

Decide lo que quieres saber

a. Investiga sobre algún libro con el que has trabajado en esta lección. Anota ideas:
- ¿Cuál es el contexto histórico del argumento?
- ¿Cuándo se publicó?
- ¿Cuándo nació el / la autor/a? ¿Qué edad tenía cuando lo escribió?
- ¿Tiene algo especial este libro? ¿Qué dicen las críticas?
- ¿Existe alguna película basada en él?

Busca información y verifícala

b. Escribe en un buscador palabras clave como **"Como agua para chocolate" crítica**, **"Como agua para chocolate" película** o, simplemente, el título del libro y el autor.

c. Elige las fuentes que probablemente tendrán información más fiable:
- La página web de la editorial que lo publicó.
- Críticas en revistas, blogs culturales, canales de *booktubers*, etc.
- La página web o el blog del autor, si existe.
- Información sobre el autor en páginas web sobre cultura.

d. Pregunta a personas de tu entorno si conocen el libro o el / la autor/a y, en caso afirmativo, qué saben y qué opinan de él.

Mis estrategias de aprendizaje

CÓMO CREAR UN VÍDEO

Mis estrategias

Antes de hacer el vídeo

- ✔ Piensa en los destinatarios y en el mensaje que deseas transmitir. El estilo debe ser adecuado a las dos cosas.
- ✔ Escribe un guion y prepara el material que necesites.
- ✔ Busca un lugar adecuado y prepáralo si es necesario.

Mientras haces el vídeo

- ✔ Puedes grabar o bien hacer un montaje con fotografías, sonidos y textos.
- ✔ Después de grabar, podrás cortar las partes que sobran o han salido mal. Existen programas de edición de vídeo sencillos y gratuitos.
- ✔ Si quieres incluir una voz en *off*, grábala al terminar el vídeo.
- ✔ También puedes añadir música y textos escritos (lugares, fechas, palabras clave...).
- ✔ No olvides poner el nombre de los / las autores/as y los agradecimientos al final del vídeo. Si has usado música o imágenes de otras personas, también debes poner su nombre.

Después de hacer el vídeo

- ✔ Revisa los textos. Si has encontrado errores importantes, repite la grabación o elimina el error.
- ✔ Verifica que el sonido es bueno y que las imágenes se ven bien.

Un caso práctico **U2, Taller de lengua 1. Creo un videotutorial (p. 61)**

¡Pon en práctica las estrategias anteriores para hacer este taller de lengua! Además...

Antes de hacer el vídeo

a. Para elegir el objeto que vas a fabricar, pregúntate: ¿se puede hacer en poco tiempo? ¿Es fácil de elaborar? ¿Y de explicar? ¿Puedo hacerlo bien?

b. Escribe el guion en varias etapas. Para cada etapa, anota cuál es el objetivo, cómo lo vas a hacer y con qué materiales. Construye frases cortas y claras.

c. Piensa qué tiempo verbal vas a usar para dar las instrucciones: ¿presente de indicativo o **ir a** + infinitivo? Utiliza los pronombres de CD y CI para evitar repeticiones. Usa también los conectores **primero**, **luego**, **después**...

d. Prepara todo el material que necesitas y sepáralo según la etapa en la que lo vas a emplear. Busca una mesa o espacio grande para trabajar cómodamente.

Mientras haces el vídeo

e. Coloca la cámara en un lugar estable. Haz una grabación de prueba para comprobar que se ve bien lo que haces.

f. Grábate por etapas y corta la grabación al finalizar cada una. Puedes tener un papel con el guion encima de la mesa, pero ¡intenta no leerlo todo!

Mis estrategias de aprendizaje

CÓMO PREPARAR UNA PRESENTACIÓN ORAL

Mis estrategias

Antes de escribir el guion

- Haz un esquema en el que no puede faltar:
  - Saludo y tema de la presentación.
  - Partes de la presentación.
  - Cierre, agradecimiento y turno de preguntas.

Mientras escribes

- Haz frases cortas y sencillas.
- Corrige. Revisa las cuestiones que te resultan más difíciles en español: ¿los tiempos verbales, las preposiciones, los pronombres...?
- Prepara una versión en limpio de tu esquema. Hazla muy visual, con dibujos, flechas, etc.
- Prepara un póster o una proyección. Tu presentación será más amena y te ayudará si te quedas en blanco.

Para ensayar

- Lee el guion en voz alta y memoriza lo más importante.
- Luego, intenta decir lo que pone en el guion sin leerlo todo.
- Acompaña tus frases con la entonación adecuada, con pausas y con gestos.
- En tu último ensayo, relájate, usa un tono amable y habla para que tus compañeros/as te entiendan.

Un caso práctico — U1, Lección 2. ¿Qué tiempo hace? (p. 23)

¡Pon en práctica las estrategias anteriores en la actividad 4!
Además...

Antes de escribir el guion

a. Imagina el tiempo que hará en tu zona la semana que viene en una tabla como la de la página 23.

b. Revisa la lección para ver qué recursos de MI GRAMÁTICA o de MIS PALABRAS necesitas.

Mientras escribes

c. Escribe las frases que necesitarás para describir el tiempo de cada día. Intenta que sea variado y habla también de la temperatura, del viento, de la lluvia, etc.

Para ensayar

d. Puedes crear una tabla con dibujos como la de la actividad 1 y proyectarla. Tu presentación será más amena y te ayudará si te quedas en blanco.

e. Si quieres que tu presentación sea divertida, ¡puedes imitar a un hombre o a una mujer del tiempo de la televisión!

TABLAS DE VERBOS

INFINITIVO	PRESENTE DE INDICATIVO		PRETÉRITO IMPERFECTO		PRETÉRITO INDEFINIDO	
VERBOS REGULARES						
HABLAR	hablo hablas habla	hablamos habláis hablan	hablaba hablabas hablaba	hablábamos hablabais hablaban	hablé hablaste habló	hablamos hablasteis hablaron
APRENDER	aprendo aprendes aprende	aprendemos aprendéis aprenden	aprendía aprendías aprendía	aprendíamos aprendíais aprendían	aprendí aprendiste aprendió	aprendimos aprendisteis aprendieron
VIVIR	vivo vives vive	vivimos vivís viven	vivía vivías vivía	vivíamos vivíais vivían	viví viviste vivió	vivimos vivisteis vivieron
VERBOS CON DIPTONGO: E → IE ; O → UE						
PENSAR	pienso piensas piensa	pensamos pensáis piensan	pensaba pensabas pensaba	pensábamos pensabais pensaban	pensé pensaste pensó	pensamos pensasteis pensaron
ENTENDER	entiendo entiendes entiende	entendemos entendéis entienden	entendía entendías entendía	entendíamos entendíais entendían	entendí entendiste entendió	entendimos entendisteis entendieron
MOSTRAR	muestro muestras muestra	mostramos mostráis muestran	mostraba mostrabas mostraba	mostrábamos mostrabais mostraban	mostré mostraste mostró	mostramos mostrasteis mostraron
CONTAR	cuento cuentas cuenta	contamos contáis cuentan	contaba contabas contaba	contábamos contabais contaban	conté contaste contó	contamos contasteis contaron
VERBOS CON ALTERNANCIA VOCÁLICA: E → I						
PEDIR	pido pides pide	pedimos pedís piden	pedía pedías pedía	pedíamos pedíais pedían	pedí pediste pidió	pedimos pedisteis pidieron
VERBOS CON ALTERNANCIA VOCÁLICA: E → IE / I						
SENTIR	siento sientes siente	sentimos sentís sienten	sentía sentías sentía	sentíamos sentíais sentían	sentí sentiste sintió	sentimos sentisteis sintieron
VERBOS CON ALTERNANCIA VOCÁLICA: O → UE / U						
DORMIR	duermo duermes duerme	dormimos dormís duermen	dormía dormías dormía	dormíamos dormíais dormían	dormí dormiste durmió	dormimos dormisteis durmieron
VERBOS EN -ACER / -ECER / -OCER / -UCIR: C → ZC						
APARECER	aparezco apareces aparece	aparecemos aparecéis aparecen	aparecía aparecías aparecía	aparecíamos aparecíais aparecían	aparecí apareciste apareció	aparecimos aparecisteis aparecieron
VERBOS EN -DUCIR: C → ZC ; C → J						
CONDUCIR	conduzco conduces conduce	conducimos conducís conducen	conducía conducías conducía	conducíamos conducíais conducían	conduje condujiste condujo	condujimos condujisteis condujeron

TABLAS DE VERBOS

PRETÉRITO PERFECTO		FUTURO		CONDICIONAL		PARTICIPIO	GERUNDIO
he hablado has hablado ha hablado	hemos hablado habéis hablado han hablado	hablaré hablarás hablará	hablaremos hablaréis hablarán	hablaría hablarías hablaría	hablaríamos hablaríais hablarían	hablado	hablando
he aprendido has aprendido ha aprendido	hemos aprendido habéis aprendido han aprendido	aprenderé aprenderás aprenderá	aprenderemos aprenderéis aprenderán	aprendería aprenderías aprendería	aprenderíamos aprenderíais aprenderían	aprendido	aprendiendo
he vivido has vivido ha vivido	hemos vivido habéis vivido han vivido	viviré vivirás vivirá	viviremos viviréis vivirán	viviría vivirías viviría	viviríamos viviríais vivirían	vivido	viviendo
he pensado has pensado ha pensado	hemos pensado habéis pensado han pensado	pensaré pensarás pensará	pensaremos pensaréis pensarán	pensaría pensarías pensaría	pensaríamos pensaríais pensarían	pensado	pensando
he entendido has entendido ha entendido	hemos entendido habéis entendido han entendido	entenderé entenderás entenderá	entenderemos entenderéis entenderán	entendería entenderías entendería	entenderíamos entenderíais entenderían	entendido	entendiendo
he mostrado has mostrado ha mostrado	hemos mostrado habéis mostrado han mostrado	mostraré mostrarás mostrará	mostraremos mostraréis mostrarán	mostraría mostrarías mostraría	mostraríamos mostraríais mostrarían	mostrado	mostrando
he contado has contado ha contado	hemos contado habéis contado han contado	contaré contarás contará	contaremos contaréis contarán	contaría contarías contaría	contaríamos contaríais contarían	contado	contando
he pedido has pedido ha pedido	hemos pedido habéis pedido han pedido	pediré pedirás pedirá	pediremos pediréis pedirán	pediría pedirías pediría	pediríamos pediríais pedirían	pedido	pidiendo
he sentido has sentido ha sentido	hemos sentido habéis sentido han sentido	sentiré sentirás sentirá	sentiremos sentiréis sentirán	sentiría sentirías sentiría	sentiríamos sentiríais sentirían	sentido	sintiendo
he dormido has dormido ha dormido	hemos dormido habéis dormido han dormido	dormiré dormirás dormirá	dormiremos dormiréis dormirán	dormiría dormirías dormiría	dormiríamos dormiríais dormirían	dormido	durmiendo
he aparecido has aparecido ha aparecido	hemos aparecido habéis aparecido han aparecido	apareceré aparecerás aparecerá	apareceremos apareceréis aparecerán	aparecería aparecerías aparecería	apareceríamos apareceríais aparecerían	aparecido	apareciendo
he conducido has conducido ha conducido	hemos conducido habéis conducido han conducido	conduciré conducirás conducirá	conduciremos conduciréis conducirán	conduciría conducirías conduciría	conduciríamos conduciríais conducirían	conducido	conduciendo

TABLAS DE VERBOS

INFINITIVO	PRESENTE DE INDICATIVO		PRETÉRITO IMPERFECTO		PRETÉRITO INDEFINIDO	
ALGUNOS VERBOS IRREGULARES						
CAER	caigo caes cae	caemos caéis caen	caía caías caía	caíamos caíais caían	caí caíste cayó	caímos caísteis cayeron
DAR	doy das da	damos dais dan	daba dabas daba	dábamos dabais daban	di diste dio	dimos disteis dieron
DECIR	digo dices dice	decimos decís dicen	decía decías decía	decíamos decíais decían	dije dijiste dijo	dijimos dijisteis dijeron
ESTAR	estoy estás está	estamos estáis están	estaba estabas estaba	estábamos estabais estaban	estuve estuviste estuvo	estuvimos estuvisteis estuvieron
HABER	he has ha / hay*	hemos habéis han	había habías había	habíamos habíais habían	hube hubiste hubo	hubimos hubisteis hubieron
HACER	hago haces hace	hacemos hacéis hacen	hacía hacías hacía	hacíamos hacíais hacían	hice hiciste hizo	hicimos hicisteis hicieron
IR	voy vas va	vamos vais van	iba ibas iba	íbamos ibais iban	fui fuiste fue	fuimos fuisteis fueron
OÍR	oigo oyes oye	oímos oís oyen	oía oías oía	oíamos oíais oían	oí oíste oyó	oímos oísteis oyeron
PODER	puedo puedes puede	podemos podéis pueden	podía podías podía	podíamos podíais podían	pude pudiste pudo	pudimos pudisteis pudieron
PONER	pongo pones pone	ponemos ponéis ponen	ponía ponías ponía	poníamos poníais ponían	puse pusiste puso	pusimos pusisteis pusieron
QUERER	quiero quieres quiere	queremos queréis quieren	quería querías quería	queríamos queríais querían	quise quisiste quiso	quisimos quisisteis quisieron
SABER	sé sabes sabe	sabemos sabéis saben	sabía sabías sabía	sabíamos sabíais sabían	supe supiste supo	supimos supisteis supieron
SALIR	salgo sales sale	salimos salís salen	salía salías salía	salíamos salíais salían	salí saliste salió	salimos salisteis salieron
SER	soy eres es	somos sois son	era eras era	éramos erais eran	fui fuiste fue	fuimos fuisteis fueron
TENER	tengo tienes tiene	tenemos tenéis tienen	tenía tenías tenía	teníamos teníais tenían	tuve tuviste tuvo	tuvimos tuvisteis tuvieron
TRAER	traigo traes trae	traemos traéis traen	traía traías traía	traíamos traíais traían	traje trajiste trajo	trajimos trajisteis trajeron
VENIR	vengo vienes viene	venimos venís vienen	venía venías venía	veníamos veníais venían	vine viniste vino	vinimos vinisteis vinieron
VER	veo ves ve	vemos veis ven	veía veías veía	veíamos veíais veían	vi viste vio	vimos visteis vieron

* **Forma impersonal**

TABLAS DE VERBOS

PRETÉRITO PERFECTO		FUTURO		CONDICIONAL		PARTICIPIO	GERUNDIO
he caído has caído ha caído	hemos caído habéis caído han caído	caeré caerás caerá	caeremos caeréis caerán	caería caerías caería	caeríamos caeríais caerían	caído	ca**y**endo
he dado has dado ha dado	hemos dado habéis dado han dado	daré darás dará	daremos daréis darán	daría darías daría	daríamos daríais darían	dado	dando
he **dicho** has **dicho** ha **dicho**	hemos **dicho** habéis **dicho** han **dicho**	**dir**é **dir**ás **dir**á	**dir**emos **dir**éis **dir**án	**dir**ía **dir**ías **dir**ía	**dir**íamos **dir**íais **dir**ían	**dicho**	d**i**ciendo
he estado has estado ha estado	hemos estado habéis estado han estado	estaré estarás estará	estaremos estaréis estarán	estaría estarías estaría	estaríamos estaríais estarían	estado	estando
– – **ha habido***	– – –	**habr**é **habr**ás **habr**á	**habr**emos **habr**éis **habr**án	**habr**ía **habr**ías **habr**ía	**habr**íamos **habr**íais **habr**ían	habido	habiendo
he **hecho** has **hecho** ha **hecho**	hemos **hecho** habéis **hecho** han **hecho**	**har**é **har**ás **har**á	**har**emos **har**éis **har**án	**har**ía **har**ías **har**ía	**har**íamos **har**íais **har**ían	**hecho**	haciendo
he ido has ido ha ido	hemos ido habéis ido han ido	iré irás irá	iremos iréis irán	iría irías iría	iríamos iríais irían	ido	**yendo**
he oído has oído ha oído	hemos oído habéis oído han oído	oiré oirás oirá	oiremos oiréis oirán	oiría oirías oiría	oiríamos oiríais oirían	oído	o**y**endo
he podido has podido ha podido	hemos podido habéis podido han podido	**podr**é **podr**ás **podr**á	**podr**emos **podr**éis **podr**án	**podr**ía **podr**ías **podr**ía	**podr**íamos **podr**íais **podr**ían	podido	p**u**diendo
he **puesto** has **puesto** ha **puesto**	hemos **puesto** habéis **puesto** han **puesto**	**pondr**é **pondr**ás **pondr**á	**pondr**emos **pondr**éis **pondr**án	**pondr**ía **pondr**ías **pondr**ía	**pondr**íamos **pondr**íais **pondr**ían	**puesto**	poniendo
he querido has querido ha querido	hemos querido habéis querido han querido	**querr**é **querr**ás **querr**á	**querr**emos **querr**éis **querr**án	**querr**ía **querr**ías **querr**ía	**querr**íamos **querr**íais **querr**ían	querido	queriendo
he sabido has sabido ha sabido	hemos sabido habéis sabido han sabido	**sabr**é **sabr**ás **sabr**á	**sabr**emos **sabr**éis **sabr**án	**sabr**ía **sabr**ías **sabr**ía	**sabr**íamos **sabr**íais **sabr**ían	sabido	sabiendo
he salido has salido ha salido	hemos salido habéis salido han salido	**saldr**é **saldr**ás **saldr**á	**saldr**emos **saldr**éis **saldr**án	**saldr**ía **saldr**ías **saldr**ía	**saldr**íamos **saldr**íais **saldr**ían	salido	saliendo
he sido has sido ha sido	hemos sido habéis sido han sido	seré serás será	seremos seréis serán	sería serías sería	seríamos seríais serían	sido	siendo
he tenido has tenido ha tenido	hemos tenido habéis tenido han tenido	**tendr**é **tendr**ás **tendr**á	**tendr**emos **tendr**éis **tendr**án	**tendr**ía **tendr**ías **tendr**ía	**tendr**íamos **tendr**íais **tendr**ían	tenido	teniendo
he traído has traído ha traído	hemos traído habéis traído han traído	traeré traerás traerá	traeremos traeréis traerán	traería traerías traería	traeríamos traeríais traerían	traído	tra**y**endo
he venido has venido ha venido	hemos venido habéis venido han venido	**vendr**é **vendr**ás **vendr**á	**vendr**emos **vendr**éis **vendr**án	**vendr**ía **vendr**ías **vendr**ía	**vendr**íamos **vendr**íais **vendr**ían	venido	v**i**niendo
he **visto** has **visto** ha **visto**	hemos **visto** habéis **visto** han **visto**	veré verás verá	veremos veréis verán	vería verías vería	veríamos veríais verían	**visto**	viendo

* **Forma impersonal**

MAPA POLÍTICO DE ESPAÑA

MAPA FÍSICO DE ESPAÑA

MAPAS DE AMÉRICA LATINA

Imágenes

Ilustraciones de cubierta: Domiciano Pablo Romero Franco/Dreamstime, Marekdubienski/Dreamstime, Iconisa/Dreamstime **U1** p. 16 Elena-studio/GettyImages, Walter Bibikow/GettyImages, photobac/GettyImages, Carla Fernández, Singapore International Festival of Arts, justinroque/iStockphoto; p. 17 Marco Bottigelli/GettyImages, Vladislav Zolotov/GettyImages; p. 18 Martinmark/Dreamstime, Martinmark/ Dreamstime; p. 19 Antonio Maestro, devueltaconelcuaderno.blogspot.com, Rosshelen/Dreamstime; p. 21 mixetto/iStockphoto; p. 22 Artur Bogacki/Dreamstime, Raulg2/Dreamstime, Laws1964/Dreamstime, TomaszCzajkowski/Dreamstime; p. 23 justinroque/iStockphoto, Harvepino/iStockphoto; p. 24 Tempura/iStockphoto; p. 25 German-skydiver/GettyImages, photobac/GettyImages, ViktorLevi/GettyImages, ultramarinfoto/GettyImages; p. 26 Chaoss/Dreamstime, Kasto80/Dreamstime, Yurasova/Dreamstime, Benas324/Dreamstime, Cosmopol/ Dreamstime, Fabrizio Zanier/Dreamstime, g-stockstudio/iStockphoto; p. 27 Martinmark/Dreamstime, Diego Delso/Wikipedia; p. 29 justinroque/iStockphoto; p. 30 TonyBaggett/GettyImages; p. 31 nyaivanova/Dreamstime, Flavio Vallenari/iStockphoto, Caramel/ iStockphoto; p. 37 Martinmark/Dreamstime, p. 39 justinroque/iStockphoto, p. 43 RomanDergunov/iStockphoto **U2** p. 44 Eric PHAN-KIM/ GettyImages, MattGush/iStockphoto, stevecoleimages/GettyImages, NGvozdeva/iStockphoto; p. 45 John Coletti/GettyImages, FG Trade Latin/GettyImages, Kathryn Kirsch/iStockphoto; p. 46 Neil Lang/Dreamstime, Carolina Garcia Aranda/Dreamstime, StockPhotosArt/ iStockphoto, creativesunday/iStockphoto, Lumenitos, Cortesía Editorial Planeta S.A. LucianoBibulich/GettyImages, LueratSatichob/ iStockphoto, Olga Kurbatova/iStockphoto, fad1986/iStockphoto; p. 47 *Tutorial Día de Muertos Especial*, Craftingeek, FeliciaMontoya/ iStockphoto, *Gran celebración y desfile del Día de Muertos, Ciudad de México*, Maxico Mexico; p. 49 stevecoleimages/GettyImages, Ron Sumners/Dreamstime, Aurinko/Dreamstime, taratata/GettyImages, NYS444/GettyImages, TETYANA LYAPI/iStockphoto; p. 50 kkong5/ iStockphoto, alvarez/iStockphoto, Jose Antonio Sanchez Reyes/Dreamstime; p. 51 wabeno/iStockphoto; p. 52 Chris Ryan/iStockphoto; p. 53 serviciodetraductores.com, Alicjia Neumiler/Dreamstime; p 54 ersinkisacik/iStockphoto; p. 55 Piotr Polaczyk/iStockphoto; p. 58 Comisión Nacional para el Desarrollo de los Pueblos Indígenas, Dinorah Alejandra Arizpe Valdés/Dreamstime; p. 59 Caramel/iStockphoto, OscarSoteno_AlejandroLinaresGarcía/Wikimedia; p. 60 NGvozdeva/iStockphoto; p. 62 monkeybusinessimages/iStockphoto; p. 64 downtoxjabelle.blogspot.com; p. 65 *Tutorial Día de Muertos Especial*, Craftingeek; p. 66 orinoco-art/iStockphoto, Oleg Rebrik/iStockphoto, Eutoch/Dreamstime, Robyn Mackenzie/Dreamstime, Aurinko/Dreamstime, Ksena2009/Dreamstime, Sataporn Jiwjalaen/Dreamstime, nuwatphoto/iStockphoto, wasan prunglampoo/iStockphoto, p. 70 AzmanL/iStockphoto, MangoStar_Studio/iStockphoto, monzenmachi/ iStockphoto **U3** p. 72 holgs/iStockphoto, Uli Danner/Dreamstime, Ulf Andersen/GettyImages, Greenpeace; p. 73 diegograndi/iStockphoto, NANCY PAUWELS/iStockphoto; p. 74 Editorial Gárgola e ilustrador Luciano Espeche, Buenos Aires, SM, © Ilustrador: Luis Tinoco / Editorial: Ediciones Urano, cortesía Editorial Planeta SA, edición de Seix Barral/diseño e ilustración de la cubierta: © Perico Pastor, Ediciones SM; p. 78 Ulf Andersen/GettyImages, VV. AA., Gabo, memorias de una vida mágica (2014), Rey+Navarro; p. 79 supuesto retrato del insigne escritor español Miguel de Cervantes Saavedra (1547-1615) atribuido a Juan de Jáuregui; p. 80 El tren volador, Gonzalo Endara (1970); p. 82 Mario Carvajal/cano-cristales.com; p. 86 AFP/GettyImages, es.wikipedia.org, Eye Ubiquitous/GettyImages; p. 87 johnwoodcock/ iStockphoto, Caramel/iStockphoto; p. 88 SolStock/GettyImages; p. 90 Editorial Planeta, Editorial Montena; p. 92 Greenpeace; p. 93 Editorial Gárgola e ilustrador Luciano Espeche, Buenos Aires, SM, © Ilustrador: Luis Tinoco / Editorial: Ediciones Urano, cortesía Editorial Planeta SA, edición de Seix Barral/diseño e ilustración de la cubierta: © Perico Pastor, Ediciones SM; p. 97 Darval/dreamstime; p. 98 szefei/ iStockphoto; p. 99 RegNatarajan/wikimedia-commons, Tusquets Editores **U4** p. 100 Sergey Dzyuba/iStockphoto, Miguel Sotomayor/ GettyImages, Wavebreakmedia Ltd/Dreamstime, fragmento de Lazarillo de Tormes © Enrique Lorenzo, 2008/© Ediciones SM, 2008. Pp. 3, Madrid, España; p. 101 minnystock/Dreamstime, Neoespaña/L'Américain/Wikimedia Commons, Punto Studio foto AG/Fotolia; p. 102 Marius Vultur/Dreamstime, Peter Elvidge/Dreamstime, Corepics Vof/Dreamstime, yangna/iStockphoto; p. 103 Cristina Curto Teixidó; p. 106 Ministerio de Educación, Cultura y Deporte, España, valentinrussanov/Getty Images; p. 110 drbimages/iStockphoto, p. 114 Lazarillo de Tormes © Enrique Lorenzo, 2008/© Ediciones SM, 2008. Pp. 3, Madrid, España; p. 115 Javier Cuadrado/Fotolia, Caramel/iStockphoto; p. 116 ipopba/iStockphoto, grandeduc/iStockphoto; p. 120 Wavebreakmedia Ltd/Dreamstime; p. 123 Alexander Morozov/Dreamstime, Glo5/ Dreamstime, KatrinaBrown/Dreamstime, Scanrail/Dreamstime, Maridav/iStockphoto, ClaudioVentrella/iStock, Kuruan/Dreamstime; p. 127 TARIK KIZILKAYA/iStock, FotografiaBasica/iStock, Hugo Borges/iStock, SrdjanPav/iStock, specnaz-s/iStock, Cunaplus_M.Faba/iStock, Tero-Vesalainen/iStock, Adene-Sanchez/iStock **Estrategias** p. 131 Ediciones SM; p. 132 *Tutorial Día de Muertos Especial*, Craftingeek; p. 133 justinroque/iStockphoto

Textos

U1 p. 18 Nani Arenas, laviajeraempedernida.com; p. 19 Antonio Maestro, blogspot.com, p. 22 canariasworld.com **U2** p. 49 Naye Cerón, *El viento me despeina* p. 60 *El Día de Muertos*, Cuento mexicano para niños, Guiainfantil.com; p. 64 Clarin.com - Clarín Digital **U3** p. 78 *Cien años de soledad*, Gabriel García Márquez y Herederos de Gabriel García Márquez (1967); p. 92 Celia Ojeda, Greenpeace **U4** p. 120 Fundación Hazloposible, Asociación Madre Coraje

Vídeos

U1 *Islas Canarias*, vacaciones-espana.es; Carla Fernández, Singapore International Festival of Arts **U2** *Tutorial Día de Muertos Especial*, Craftingeek, *Gran celebración y desfile del Día de Muertos, Ciudad de México*, Maxico Mexico; *Ciudad de México*, expedia.mx **U3** Sebastián García Mouret, *El coleccionista de Mundos*; tráiler de *Colombia, magia salvaje*; *Cartagena City Tour Colombia*, Rubén Alonso; *Recomendación de dos libros*, Difusión **U4** *Salamanca City Tour*, Rubén Alonso; *Ideas para trabajar durante las vacaciones*, Difusión